Sarah Lauser

Happy New Wir

Der aufregende Start ins Familienleben

SCM
Hänssler

SCM

Stiftung Christliche Medien

SCM Hänssler ist ein Imprint der SCM Verlagsgruppe, die zur Stiftung Christliche Medien gehört, einer gemeinnützigen Stiftung, die sich für die Förderung und Verbreitung christlicher Bücher, Zeitschriften, Filme und Musik einsetzt.

© 2019 SCM Hänssler in der SCM Verlagsgruppe GmbH
Max-Eyth-Straße 41 · 71088 Holzgerlingen
Internet: www.scm-haenssler.de · E-Mail: info@scm-haenssler.de

Die Bibelverse sind, wenn nicht anders angegeben, folgender Ausgabe entnommen: Neues Leben. Die Bibel, © der deutschen Ausgabe 2002 und 2006 SCM R.Brockhaus in der SCM Verlagsgruppe GmbH Witten/Holzgerlingen.

Umschlaggestaltung: Kathrin Spiegelberg, Weil im Schönbuch
Titelbild: Kelly Sikkema / unsplash.com
Satz: typoscript GmbH, Walddorfhäslach
Druck und Bindung: Finidr s. r. o.
Gedruckt in Tschechien
ISBN 978-3-7751-5893-0
Bestell-Nr. 395.893

Inhalt

Vorwort

Ich liebe Familien – und Gott liebt sie noch viel mehr. Er hat Familien erfunden, damit er sich in ihnen dieser Welt zeigen kann. Denn durch die Liebe in einer Familie, durch die Geduld, dem Umeinander-Ringen und dem Aneinander-Festhalten möchte er ein klitzekleines Abbild von sich erschaffen. Deswegen sind Familien so wichtig, denn sie zeigen uns ein Stückchen von Gott. Familien sind unsere Zukunft.

In diesem Buch möchte ich davon erzählen, wie wir unseren Weg gefunden haben, eine Familie zu werden. Wir, das sind mein Mann Andi und ich mit unseren Töchtern Magali (6 Jahre), Kayla (5 Jahre), Carlotta (3 Jahre) und Tiana (1 Jahr). Wir sind bei Weitem keine perfekte, immer happy Family! Aber wir lieben Jesus von ganzem Herzen und wollen uns mit euch gemeinsam auf die Reise machen, Familien zu werden, die vor Liebe und Freude strotzen und die voll göttlicher Kraft sind.

Jede Familie ist anders, und das ist gut so! Jeder von euch könnte ein eigenes Buch davon schreiben, wie ihr lebt, was euch wichtig ist – und von jedem Buch würden wir etwas lernen. Wir Familien brauchen einander. Jeder hat etwas zu geben und jeder kann Neues lernen.

»Wer sich einsetzt, setzt sich aus«, las ich vor Kurzem in einem Buch. Wir setzen uns in diesen Zeilen eurem Einblick in unser Leben und eurem Urteil darüber aus. Wir haben uns entschieden, diesen Preis zu bezahlen, weil wir davon überzeugt sind, dass wir durch Echtheit und Ehrlichkeit am meisten voneinander lernen können. Bitte nehmt euch die Freiheit und die Zeit, Anregungen für euch anzupassen und zu verändern. Ganz viele Ideen habe ich selbst von anderen Leuten: Irgendwo gehört oder gelesen oder mitgekriegt. Wir sind auf dem Weg, immer Neues zu lernen und zu entdecken. Oft probieren wir etwas aus und lassen es dann auch wieder sein. Wir sind ständig dabei, zu wachsen und Erfahrungen zu sammeln, und deshalb ist das alles nur Stückwerk. Unser Leben verändert sich ständig, da kann es schon morgen sein, dass ich mir über Aussagen von heute die Haare raufen werde.

Aber ich hoffe sehr, dass euch das Buch ermutigt, inspiriert, herausfordert, zum Nachdenken anregt und vor allem Lust auf das Abenteuer Familie weckt.

Es würde dieses Buch ohne die Bereitschaft von ganz vielen wunderbaren Menschen, ihr Leben und ihre Zeit mit uns zu teilen, so nicht geben. Danke! Ein riesiger Dank geht vor allem an so viele Mama-Freundinnen, durch deren Leben und Worte ich geprägt und geformt wurde. Danke! Es ist so gut, gemeinsam unterwegs zu sein und unsere Herzen immer wieder miteinander zu verbinden.

Ein besonderes Dankeschön gilt auch den Frauen, die gemeinsam mit mir dieses Buch komplett durchgearbeitet haben und ohne die es nie so geworden wäre, wie es jetzt ist.

Mein größter Dank gilt dem allerbesten Mann, den ich mir wünschen kann: Nur weil du bereit warst, so viel Zeit allein mit unseren vier Mädels zu verbringen, konnte ich all diese Gedanken aufschreiben. Wie gut, dass ihr dabei auch noch so viel Spaß hattet! Du bist nicht nur der Hammer, sondern der ganze Werkzeugkasten.

Danke Jesus, für alle Dinge, die du in mein Herz und in mein Leben gelegt hast! Ich gebe dir alle Ehre, du bist einfach unglaublich gut!

Sarah Lauser im September 2018

1. Die Basis schaffen – Ehe leben

»Das Wichtigste, was ein Vater für seine Kinder tun kann, ist, ihre Mutter zu lieben.«[1]

Vergleicht man Familie mit einem Haus, wird schnell klar, dass sie wie das Gebäude ein tragendes Fundament braucht. Eine solide Grundlage, die zuerst gelegt werden muss, damit danach die Wände, dann das Dach und alles Weitere folgen können. Als frischgebackene Papas oder als zukünftige Mamas fragt ihr euch bestimmt irgendwann, was eigentlich das Beste ist, was ihr für eure Kinder tun könnt. Das Zitat von Henry Ward Beech, einem Prediger aus dem 19. Jahrhundert, drückt dabei eine tiefe Wahrheit aus. Die Ehe ist der Grundstein jeder Familie. Sie ist das Fundament, auf das alles Weitere aufgebaut wird. Wenn die Beziehung zwischen Mutter und Vater gut ist, geht es den Kindern auch gut. Auf dieser Basis können Mama und Papa aufbauen und sich um die Erziehung und um alles Weitere kümmern, was für die Familie wichtig ist. Kinder finden die größte Sicherheit und Freude darin, wenn sie merken, dass Mama und Papa sich lieb haben. Wenn mein Mann Andi und ich uns umarmen, kommen die Kinder oft gleich angerannt. Sie zwängen sich genau zwischen uns, um einfach nur die Liebe und Geborgenheit zu genießen, die sie dort spüren. Indem wir als Eltern dafür sorgen, dass sich unsere Liebe vertieft, werden wir auch unsere Kinder mehr und besser lieben können.

Wer eine Ehe startet und sich auf diese aufregende, schöne und nerven-aufreibende Reise begibt, der legt den Grundstein dafür, eine Heimat zu schaffen, in der neues Leben beginnen und wachsen kann. Damit dies gut gelingen kann, braucht es harte Arbeit. Ehe ist eine Kunst. Ehe ist der optimale Entwicklungsrahmen für lebenslange Persönlichkeitsentwicklung.[2] Als Andi und ich heirateten, dachte ich an solche Dinge relativ wenig bis gar nicht. Ich war total verliebt und wusste einfach genau, dass bei uns immer alles ganz wunderbar sein würde und wir alles besser machen würden als alle anderen. Es war einfach nur aufregend, und ich war so dankbar, meinen Andi bekommen zu haben.

> **Die Ehe ist der Grundstein jeder Familie.**

Unsere ersten Ehejahre waren dann von einer Art »Ent-Idealisierung« geprägt. Wir mussten lernen, in verschiedensten Bereichen miteinander klarzukommen und uns aufeinander einzustimmen. Es war total gut für uns, verschiedene Eheseminare und Beziehungsworkshops zu besuchen und auch teilweise mitzugestalten. Ich habe schon immer sehr gerne gelesen und war dankbar für jedes gute Buch, das ich zum Thema Ehe und Partnerschaft kriegen konnte. Wir haben uns viel mit verschiedensten Themen auseinandergesetzt, wie miteinander zu reden, streiten zu lernen und Sexualität zu leben, und dabei haben wir sehr, sehr viel gelernt. Wie sehr ich wirklich mit meinem Mann bei unserer Hochzeit beschenkt wurde, wird mir erst im Nachhinein so richtig klar. Er redet gerne und ist fast immer bereit, sich über innere Gedanken und Gefühle mit mir auszutauschen und sie zu besprechen (außer wenn es schon spät am Abend ist). Uns ist es beiden wichtig, dass wir eine sehr gute Beziehung haben und behalten. Wir haben viel gelernt und wissen jetzt, dass das nicht von selbst passiert. Deshalb möchten wir viel Zeit in unsere Ehe investieren.

Die Ehe ist ein hart umkämpftes Gebiet, und daran sieht man, wie viel Macht in ihr steckt. Der Teufel weiß, wie viel Potenzial in Ehe und Familie liegt, und setzt alles daran, diese zu zerstören. Gott hat Ehe gemacht, damit er sich selbst in dieser lebenslangen, liebenden, leidenschaftlichen Beziehung von Mann und Frau dieser Welt zeigen kann. Sein Wesen, sein Charakter, seine Liebe und seine Treue strahlen in der Ehe und Familie ganz besonders und sind ein Licht für andere Menschen. Das begeistert mich! So einfach und doch so schwierig. Wir müssen erleben, wie viele Ehen zerbrechen und welches Leid dadurch allen Beteiligten zufügt wird. Gerade mit diesem Wissen im Hinterkopf haben Andi und ich schon von Anfang an laut und leise ausgesprochen: »Wir werden uns nicht trennen. Wir werden für unsere Ehe kämpfen und unser Bestes geben. Wir werden Schwierigkeiten gemeinsam angehen und meistern. Wir werden für immer zusammenbleiben.« Auch wenn das naiv klingen mag, kann ich doch sagen, dass es sehr kraftvoll ist, diese Worte immer mal wieder laut auszusprechen – auch z. B. vor den Kindern oder anderen Menschen. Worte haben Kraft, im Sichtbaren und Unsichtbaren. Alleine schaffen wir das nicht, und diese Zuversicht können wir nur haben, weil wir wissen, dass unsere Ehe auf Jesus gebaut ist und er an unserer Seite steht und mit uns kämpft.

Wir stellen unsere Ehe, so gut es praktisch möglich ist, an die erste Stelle, auch vor den Kindern. Unsere Kinder sind uns eine gewisse Zeit lang anvertraut, danach jedoch werden sie uns verlassen und ihr eigenes Leben gestalten. Dann werden wir zwei dieses Leben feiern, bis wir alt und grau sind. (Wobei ich teilweise jetzt schon ein bisschen grau bin.)

Andi und ich lernten also schon in den ersten Ehejahren viele hilfreiche Dinge über uns selbst und über den anderen, und nach und nach entwickelten wir einen gemeinsamen Ehealltag, der zu uns beiden passte. Wunderbar.

Drei Jahre nach unserer Hochzeit wurde unsere erste Tochter geboren, und plötzlich wurde alles auf den Kopf gestellt, was wir uns die letzten Jahre angewöhnt hatten und was auch endlich ganz gut funktioniert hatte. Nun mussten wir uns umstellen. Wenn ihr auch gerade frischgebackene Mama oder frischgebackener Papa geworden seid, versteht ihr bestimmt, was ich meine.

Durch Kinder verändert sich die Paarbeziehung immens: Man hat sehr viel weniger Zeit zu zweit, es gibt ständig organisatorische Kinderangelegenheiten zu regeln, die Gefühle sind durch Müdigkeit und diese Extremsituation der Kleinkindzeit oft sehr beansprucht. Bei den Frauen verändert sich der Körper und auch das Körpergefühl sehr.

Sechs Bereiche sind mir eingefallen, die für Andi und mich wichtig sind, damit es unserer Ehe gut geht. Alles, was ich hier schreibe, wollen wir als Paar so leben. In manchen Phasen klappt das mehr, in anderen weniger bis gar nicht. Familie ändert sich ständig, und deshalb brauchen wir auch in unseren Ehen die Freiheit, neue Dinge auszuprobieren und die Entspanntheit, sie wieder zu verändern, wenn sie nicht mehr passen.

Eigenverantwortung leben

Eine Ehe besteht aus zwei Einzelpersonen. Jeder ist zuallererst für sich selbst verantwortlich. Es ist entscheidend herauszufinden, was ich brauche, damit es mir grundsätzlich gut geht. Was ich brauche, damit ich meinem Ehepartner oder meinen Kindern überhaupt etwas zu geben habe. Um das herauszufinden, muss ich mich selbst wichtig nehmen, mich kennenlernen und Dinge ausprobieren.

Wenn ich schlechte Laune habe, ist es immer wieder ein Kampf, nicht meinem Mann dafür die Schuld zu geben, sondern herauszufinden, was mir gerade in meinem Leben nicht passt. Und dann muss ich schauen, was ich daran ändern kann. Ich persönlich brauche Zeiten der Ruhe, in denen ich ganz für mich allein bin, um gute Bücher zu lesen und mit Jesus zu reden und mich mit Freundinnen zu treffen. Ich muss also überlegen, wann und wie ich mir diese Momente einplanen und nehmen kann. Zum Beispiel, wenn das Baby schläft, es sich allein beschäftigt oder von jemand anderem umsorgt wird.

Wenn ihr nicht so richtig wisst, was ihr mit eurer kurzen frei verfüg-
baren Zeit machen wollt, kann ich euch jede Menge Bücher oder Tests
empfehlen, die dabei helfen, sich selbst besser kennenzulernen und herauszufinden, wer man ist, was man will und was man dazu braucht.[3] Letztes
Jahr investierten Andi und ich in ein Persönlichkeitscoaching, das jedem
von uns ganz neue Erkenntnisse über sich selbst gab und außerdem ein
ganz neues Verständnis füreinander.

Was braucht ihr, damit es euch gut geht? Wann könnt ihr euch Zeit dafür einplanen?

Miteinander reden

Wir denken, dass eine gute Kommunikation das Wichtigste in einer
Beziehung ist. Der Austausch über unsere tiefsten Gedanken und Gefühle
schafft eine große Intimität. Wer gut miteinander reden kann, legt die beste
Grundlage für die Bearbeitung und Lösung seiner Probleme in den verschiedensten Bereichen. Miteinander reden muss und kann man – Gott
sei Dank – lernen. Wir können jedem nur wärmstens empfehlen, dieses
Thema wichtig zu nehmen und sich weiterzubilden. Es gibt viele Kurse
oder Seminare für Ehepaare, in denen Kommunikation fast immer auch
ein Thema ist und in denen man das ganz praktisch üben kann. Wenn
es bei Andi und mir bei einem Streit hoch hergeht, verdränge ich oft alle
erlernten Tipps und Techniken. Wenn sich die Gemüter dann aber ein
bisschen beruhigt haben, profitieren wir sehr davon, dass wir eine gute
Gesprächskultur entwickelt haben.

Es gibt so viele Dinge, die besprochen und geplant werden müssen, wenn
man Kinder hat: die Wochenplanung, Erziehungsfragen, Erlebnisse des

Tages, Sorgen, Zweifel, Ängste, Freuden. Oft drängt sich das Organisatorische vor. Für die Paarbeziehung ist es jedoch entscheidend, dem anderen seine innersten Gedanken zu offenbaren und sich somit ganz transparent zu machen. Bei uns ist es oft so, dass wir abends einfach müde sind und nur noch ins Bett wollen. Da hat vor allem der Herr der Schöpfung keine Lust mehr auf tief gehende und ausführliche Gespräche.

Wenn einer von uns dran denkt, stellen wir uns trotzdem drei kurze, gute Fragen:

- Was war heute dein schönstes Erlebnis?
- Was war heute dein blödestes Erlebnis?
- Was hat Jesus dir heute besonders aufs Herz gelegt?

Die Antworten sind jedes Mal sehr interessant und aufschlussreich. Ich fühle mich dadurch meinem Mann näher, weil ich so mehr an seinem Leben teilhaben kann und erfahre, was ihn wirklich bewegt. So ist es uns möglich, mit wenig Zeitaufwand doch über das bedeutend Wichtige in Kontakt zu bleiben. An normalen Wochentagen reicht uns dieser kurze Austausch, aber wir freuen uns jedes Mal auf das Wochenende, um uns dann bewusst Zeit zu zweit zu nehmen.

Wie bleibt ihr als Paar im Gespräch miteinander? Wisst ihr, was den anderen wirklich bewegt?

Zeit zu zweit nehmen

Als wir noch keine Kinder hatten, konnten wir unsere gemeinsame Zeit völlig frei gestalten und am Wochenende im Bett liegen bleiben, so lange wir lustig waren (leider ist Andi eher der Frühaufsteher), mal hierhin, mal dorthin gehen, und das zu jeder Tages- und Nachtzeit und in aller Freiheit und Ungebundenheit. Mit der Ankunft eines Babys ist das plötzlich nicht mehr so einfach möglich und man muss stattdessen mehr organisieren: Können wir das Baby mitnehmen und hoffen, dass es schläft, oder es schon bei Oma und Opa lassen? Lohnt es sich, extra einen Babysitter anzufragen?

Für Andi und mich war schon von Anfang an klar, dass wir uns für unsere Ehe Zeit nehmen wollten. Dass wir unsere Beziehung an die erste Stelle setzen und auch trotz Kindern regelmäßig miteinander ausgehen wollten. Auch klar war für uns jedoch, dass wir unser Baby nicht woanders schlafen lassen wollten, solange es noch klein war. Nachdem wir eine Möglichkeit ausprobiert hatten, die echt haarsträubend war (davon berichte ich im 5. Kapitel), organisierten wir uns Babysitter, die bei uns in der Wohnung saßen und auf das schlafende Baby aufpassten. Meist Oma und Opa oder auch mal Freunde. Wir freuten uns über jede freie Zeit und gingen in Ruhe essen oder ins Kino. Für viele Männer ist es wichtig, dass man gemeinsam etwas tut, erlebt oder etwas »schafft«. So wagte ich mich neulich abends mit Andi ins Fitnessstudio. Ich fühlte mich erst ziemlich unsicher, weil ich sonst nie dorthin gehe. Gerade deshalb konnte mich mein Ehemann aber fachmännisch mit allem vertraut machen, woran er sichtlich Spaß hatte, und ich konnte die Zeit, die wir auf dem Spinn-Bike verbrachten, nutzen, um ungestört mit ihm zu reden, ohne dass er einschlief.

Solche Zeiten und Erlebnisse füllen meinen Liebestank enorm. Oft war es anfangs erst kurz komisch, wieder ganz allein und ohne Baby unterwegs zu sein, aber durch das eine oder andere Witzchen und der Vergewisserung, dass zu Hause alles ruhig ist, konnten wir für einige Stunden die neu gewonnene Freiheit genießen.

Mit Babys und später mit Kleinkindern freut man sich aber auch, einfach nur daheim eine schöne Zeit zu zweit zu haben. Unser gemeinsames Hobby ist es, Filme anzuschauen. Wir lieben und kultivieren unseren Filmabend am Freitag und freuen uns schon die ganze Woche darauf.

Wir suchen einen guten Film aus und tischen dann das Beste auf, was die Speisekammer zu bieten hat, inklusive Eis mit Cookies. Das ist unser Ding.

Andi liebt außerdem Brettspiele, und wenn ich ganz gut drauf bin, lasse ich mich auf einen Spieleabend mit ihm ein, um dann jedes Mal festzustellen, dass es ja wirklich Spaß macht. Vor Kurzem hatten wir Premiere mit einem Tanzabend bei uns zu Hause. Beim Ausdenken von gemeinsamen Abenden sind der Kreativität keine Grenzen gesetzt. Man kann gemeinsam baden, lesen, Hörspiele anhören, basteln, backen, Videoclips anschauen, beten, sich massieren, Wein trinken, malen, musizieren und so vieles mehr ... Viele Paare haben einen regelmäßigen Eheabend, den sie abwechselnd gestalten und der so jedes Mal ein bisschen anders und neu aufregend ist.[4]

Vielleicht könnt ihr es euch mit eurem Partner sogar tagsüber einrichten, gemeinsam Zeit zu verbringen. Das Baby schläft daheim oder im Kinderwagen tagsüber manchmal besser als nachts. Wir verbringen gelegentlich eine Mittagspause zusammen, was etwas Besonderes ist und ein »Dategefühl« aufkommen lässt.

Ich merke, dass solche Zeiten extrem wertvoll für mich sind, denn in ihnen erlebe ich, dass es uns noch als Liebespaar gibt, nicht nur als Eltern, und freue mich, mal die ganze Aufmerksamkeit für mich alleine zu haben. Es ist so schön, wenn wir uns nur um uns beide kümmern müssen und gemeinsam schweigen und lachen können. Jede so verbrachte Zeit und auch jedes investierte Geld empfinde ich als sehr lohnenswert. Unsere Beziehung bleibt schön, spannend, abwechslungsreich und wird immer stärker.

Was ist für euch als Paar eine gute Zeit zu zweit? Wo und wie habt ihr Möglichkeiten, gemeinsame Zeit als Paar zu verbringen?

Sexualität genießen

Der Alltag mit Babys oder Kleinkindern ist oft sehr anstrengend und eintönig. Sexualität dagegen bringt Farbe und Aufregung in unsere Gewohnheiten, mit Vorfreude, Spannung und Genuss! Sex ist der Lichtblick am Horizont und belebt die Paarbeziehung wie nichts anderes. Sex ist sogar heilig, denn Gott selbst hat ihn erfunden und wünscht sich sehr, dass wir Ehepaare ihn in vollen Zügen auskosten und genießen. Ein Freund erklärte es mal so: »Sex ist geistliche Kampfführung.« Da stimme ich ihm zu, denn Sexualität schafft eine starke Einheit, schweißt Frau und Mann zu »einem Fleisch« zusammen und bringt nach kleinen oder großen Streitigkeiten wieder Versöhnung. So werden Ehen bombenstark, denn durch Sex erleben beide Ehepartner die Nähe und Liebe, die sie so dringend brauchen. Für Männer hat die Sexualität noch mal einen anderen Stellenwert wie für uns Frauen. Ich habe das Gefühl, dass ein Mann, der in seiner Ehe eine beidseitig erfüllende Sexualität erlebt, noch mal auf eine engere Weise mit seiner Frau und seiner Familie verbunden ist. Männer, die ihren Wunsch nach Sex bei ihren Frauen nicht gestillt bekommen, stehen leicht in der Gefahr, sich ungeliebt und nicht wertgeschätzt zu fühlen. Als Folge verhalten sie sich oft eher abweisend und ziehen sich zurück.

An unserer Sexualität mussten Andi und ich von Anfang an arbeiten: Wir haben immer wieder darüber geredet und darum gerungen, auf einen gemeinsamen Nenner zu kommen. Dabei haben uns auch einige gute Bücher geholfen,[5] durch die wir viel Wissen anhäufen und vor allem lernen konnten, über all die Facetten, die die Sexualität betreffen, miteinander zu reden (und auch dafür zu beten). Das Erlernen dieser Sprachfähigkeit war nicht einfach und erforderte viel Mut, Vertrauen und die Bereitschaft, sich verletzlich zu machen, aber es lohnte sich hundert- und tausendfach. Mit der Zeit haben wir uns aneinander gewöhnt und haben gelernt, uns aufeinander einzustellen. Durch diese Vorbereitung konnten wir später die veränderte Situation mit Baby bzw. Kleinkindern besprechen und gemeinsam Ideen, Strategien und Lösungen finden. Ich weiß, dass wir noch lange nicht am Ende sind mit unserem Lernen und bin wirklich gespannt, was wir in diesem Bereich noch alles erleben werden.

Über Sexualität sprechen zu lernen ist der Anfang von etwas Großartigem. Wenn man einmal den Schritt aus der Komfort- und Schweigezone gewagt hat und sein Innerstes vor dem anderen preisgibt, sich traut, über Wünsche und Sorgen, Ängste und Vorlieben, Unlust und Abscheu, Leidenschaften, Scham und Träume zu sprechen, eröffnet man eine neue Welt – für die Beziehung und die Sexualität. Ich denke, dass ein Paar, dem Sexualität wichtig ist und das in den verschiedenen Lebensphasen miteinander darüber im Gespräch bleibt, schon gewonnen hat, weil es einen Weg finden wird, seine Sexualität befriedigend für beide zu gestalten.

Obwohl es schon einen enorm positiven Einfluss auf unsere Sexualität hatte, dass wir miteinander gesprochen haben, kam für mich die wirkliche »Offenbarung« im Urlaub, als wir in einem Buch darüber lasen, dass bei vielen Frauen oft ein grundsätzliches Denkmuster über Sex im Kopf ist, das lautet: »Sex ist anstrengend.«[6] Dieses Denken beeinflusst entscheidend unsere Reaktionen, unser Handeln und unsere Lust in der Sexualität. Man sollte dieses Denkmuster entlarven, durchbrechen und ersetzen. Ich spürte beim Lesen sofort, dass es auch bei mir so war – und das eigentlich schon seit dem Anfang unserer Ehe. Grundsätzlich mochte ich Sex zwar, und mir war auch klar, dass er vor allem für den Mann, aber auch für unsere Beziehung wichtig ist. Trotzdem musste ich mich oft dazu »zwingen« und hatte einfach keine große Lust. Ich bat Jesus oft um Hilfe und darum, dass er mir Lust geben möge. Meine Situation störte mich, aber ich kam auch nicht so recht dahinter, was das Problem war.

Angeregt durch das Buch ersetzte ich den Satz »Sex ist anstrengend« in meinem Kopf durch: »Sex ist schön« bzw. »Sex macht Spaß«. Diesen neuen

> Über Sexualität sprechen zu lernen ist der Anfang von etwas Großartigem.

Satz sprach ich laut aus und betete mit Andi dafür, dass Jesus mir hilft, mein Denken zu erneuern. Seitdem merke ich, dass etwas anders geworden ist. Unser Sexleben ist freier, gelassener, humorvoller und leidenschaftlicher geworden.

Wie ich schon geschrieben habe, hat Gott die Sexualität erfunden und geschaffen. Wenn wir ihm diesen Teil unseres Lebens und unserer Ehe also übergeben, wird er ihn noch mal ganz anders segnen und aufblühen lassen. Andi und ich beten also für unsere Sexualität und laden ganz bewusst den Heiligen Geist dazu ein, und ich merke, dass es einen Unterschied macht. Ich denke, dass das Gespräch über Sexualität und die Erneuerung des Denkens Bausteine auf dem Weg sind, aber das Wirken des Heiligen Geistes die Grundlage für ein befriedigendes Liebesleben ist. Ich stelle mir vor, dass Gott sich sehr freut und wirklich geehrt ist, wenn er in diesen Bereich eingeladen wird und vielleicht so noch mal ganz anders dort wirken kann und darf. Ich möchte hier an erster Stelle Gott alle Ehre dafür geben, dass wir heute mit vier kleinen Kindern ein ziemlich tolles Sexleben haben.

Ihr fragt euch jetzt vielleicht: Wann haben wir denn bitte im vollgepackten Alltag Zeit und dann noch möglichst Lust darauf, Sex zu haben? Mit kleinen Kindern sind Zeit und Gelegenheiten für Zweisamkeit ziemlich rar, die Energie ist oft aufgebraucht und müde ist man eigentlich immer.

Trotzdem denke ich, dass es einige Wege gibt, regelmäßigen und guten Sex auch in der Kleinkindphase zu haben. Allerdings ist es generell wichtig, dass euch als Paar Sex Spaß macht, ihr darüber sprechen könnt und ihr beide Sex als Priorität habt. Wenn das nicht so ist, würde ich euch immer empfehlen, euch in irgendeiner Weise Hilfe in diesem Bereich zu suchen. Die Qualität eurer Ehe wird sich verbessern.

Wenn diese Dinge zutreffen, würde ich sagen, dass ihr immer einen Weg finden werdet, eure Sexualität auszuleben. Kreativität, Spontanität und Humor sind wunderbar und vor allem mit kleinen Kinder sehr gefragt, aber auch geplante Zusammenkünfte haben ihren Reiz. Frei nach dem Motto: »Ganz egal, wie, die Hauptsache ist, dass man überhaupt Sex hat.«

Ideen für Sexualität im Kleinkindalltag

In unserem Alltag planen wir Sex so gut es geht ein. Manchmal machen wir einen Abend am Wochenende aus, an dem wir uns nur Zeit füreinander nehmen, um unserer romantischen Ader freien Lauf zu lassen. Wer ein bisschen Vielfalt in das alltägliche Sexleben bringen möchte, kann sich auch in Ratgebern kreative neue Sexstellungen heraussuchen und diese ausprobieren. Lacher sind hier ziemlich sicher garantiert.

Wir versuchen aber auch, spontan zu bleiben und kurze Möglichkeiten zu nutzen, die sich bieten. Getreu dem Motto einer Freundin: »Wenn man Kinder hat, gehen nur noch Quickies.« Manche würden das vielleicht nur als ein »Rein und Raus« bezeichnen, aber es ist aufregend, oft lustig, schnell durchführbar, und danach ist man enger verbunden als davor. Sex ist besser als kein Sex, und jede Lebensphase verlangt danach, sich zu verändern. Hier mache ich die Erfahrung, dass solch ein »Sex auf Knopfdruck« bei mir geht, weil ich erlebe, wie gut es meinem Mann, unserer Beziehung und auch mir tut.

Berührungen im Alltag, wie Küsse und Umarmungen, machen Lust auf mehr. Mit Kindern finden sie oft nicht spontan statt, aber sie können nach Bedarf erfragt oder einfach ausgeteilt werden. Ich gehe öfter zu Andi hin und bitte ihn: »Umarme mich!«

Wir wollen unsere Sexualität aufregend halten und Neues ausprobieren. Ich lerne von anderen Frauen, die so ehrlich und mutig sind, ihre Geheimnisse und Inspirationen weiterzugeben. Eine ältere Missionarin erzählte mir ihre Empfehlung für eine gute Ehe: »So oft und so viel es geht Sex an unterschiedlichen Orten zu haben.« Eine andere Freundin macht regelmäßig für ihren Ehemann eine »Show« und tanzt in Dessous nur für ihn. Lasst uns kreativ werden und unsere Ehepartner in Staunen und Ekstase versetzen!

Für die Zeiten, in denen kein »normaler« Geschlechtsverkehr möglich oder angenehm ist, wie zum Beispiel kurz nach der Geburt, bekommen andere

Wir sind im Rückblick dankbar für die ganze Arbeit, die wir uns mit dem Thema Sexualität machen mussten. Dadurch wurden die Weichen dafür gestellt, dass wir heute gut miteinander darüber reden können und uns beiden Sex wichtig ist und Spaß macht. Es hat sich gelohnt und trägt Früchte. Wir werden weiterhin an diesem Thema dranbleiben und uns immer weiter fortbilden. Ich möchte jedes Paar herzlich dazu einladen, sich gemeinsam auf diesen Weg zu machen und in seiner Sexualität zu wachsen und zu gedeihen. Ich möchte euch ermutigen, jede verfügbare Hilfe in Anspruch zu nehmen, seien es Bücher, Predigten, Seminare, Mentoren oder professionelle Beratung. Es lohnt sich.

Ausblick: Jetzt gerade, wo nach den ganzen Schwangerschaften und Stillzeiten wieder Ruhe und Beständigkeit in meinen monatlichen Zyklus eingekehrt ist, entdecke ich, dass es einige Tage im weiblichen Zyklus gibt, bei denen die Lust und Leidenschaft wie frisch verliebt entfacht wird und es einfach herrlich ist. Freut euch darauf!

Für euch Frauen: Welche Gefühle oder Gedanken habt ihr, wenn ihr an Sex denkt?

Für euch als Paar: Wie könnt ihr gut über Sex miteinander sprechen? Wie könnt ihr euer Sexleben in Gang halten?

Einander dienen

Laut Epheser 5,21-33 sollen sich Frau und Mann in der Ehe gegenseitig unterordnen, was auch bedeutet, einander zu dienen. Das ist uns Christen relativ klar, zumindest theoretisch. Wie das bei uns praktisch und realistisch aussehen kann, wo wir beide auch noch fast 24 Stunden unseren Kindern »dienen« müssen, fiel mir erst kürzlich wie Schuppen von den Augen. In unserer Familie arbeitet mein Mann den ganzen Tag außer Haus und ich arbeite zu Hause mit und bei unseren Kindern. Wir haben unsere Rollen also ziemlich traditionell verteilt, wobei ich gerne mit dem Anhänger auf die Mülldeponie fahre und Andi derjenige ist, der gerne mit den Kindern bastelt und backt. Ich las in einer Zeitschrift einen Ehetipp: »Brate immer Zwiebeln an, wenn dein Mann nach Hause kommt (auch wenn zum Gericht gar keine dazugehören).« Zuerst konnte ich nicht wirklich was damit anfangen, aber als Andi mir dann mehrmals abends gesagt hatte, dass das Schönste an seinem Tag das Abendessen gewesen sei, dämmerte mir, dass dahinter wohl mehr steckte, als ich bisher gedacht hatte. Mir wurde bewusst, dass es schön für ihn ist, wenn er nach einem Arbeitstag nach Hause kommt und es dort etwas Leckeres zu essen gibt. Das bedeutet für ihn Feierabend und Genuss. Ich kapierte: Indem ich für ihn (gutes) Essen zubereite, kann ich ihm dienen, ihm eine Freude machen und ihm zeigen, dass ich ihn liebe. Das ist für mich eine echte Herausforderung, weil ich von Natur aus nicht gerade leidenschaftlich gerne koche und backe, aber aus Liebe möchte ich es wichtig nehmen und lernen. Zudem ist es eine wunderbare Möglichkeit, eine Notwendigkeit im Familienleben damit zu verbinden, etwas Gutes für meine Ehe zu tun.

Aber es gibt auch noch so viele andere Möglichkeiten, einander kleine Liebesdienste zu erweisen, obwohl die Zeit knapp ist und die Kinder viel Aufmerksamkeit verlangen: eine aufgeräumte Wohnung, einander Abende freigeben, Anerkennung und Dank für die Tagesleistung des anderen aussprechen, das Hobby des anderen unterstützen, liebevolle Nachrichten verschicken, den anderen ausschlafen lassen, ein kurzer Anruf einfach so, das Bad putzen, ehrliche Komplimente geben, den Müll wegbringen, kleine Geschenke im Alltag machen, eine »Nachtschicht« bei den Kindern übernehmen, das Frühstück vorbereiten, besondere Stunden oder Tage alleine ermöglichen oder Geschirr wegspülen.

Einen ganz besonderen Platz und eine besondere Wichtigkeit hat es, dass wir uns beieinander bedanken. Wenn wir es schaffen zu sehen, was der andere alles tut, und ihm ein lautes und ehrliches »Dankeschön« dafür zu sagen, machen wir den Weg frei für eine gegenseitige Wertschätzungskultur. Oft es ist es im Leben mit Kindern so, dass beide Ehepartner in allen Bereichen nur noch rödeln und beide das Gefühl haben, dass niemand sieht und es wertschätzt, was er eigentlich für die Familie tut. Wenn einer anfängt, sich für all die kleinen Dinge zu bedanken, die der andere tut, fühlt dieser sich geehrt und wichtig. Das öffnet die Tür dazu, dass dieser sich auch seinerseits beim anderen bedankt. So entsteht eine gegenseitige Wertschätzung für die Leistung und den Dienst des anderen, obwohl sie oft in ganz unterschiedlichen Welten stattfinden. Andi bedankt sich regelmäßig dafür, dass ich das alles mit den Kids daheim so gut manage. Ich bedanke mich manchmal bei ihm, dass er so gut für uns in seinem Job arbeitet. Wenn ich sehe, dass er abgewaschen hat, bedanke ich mich dafür. Wenn er weiß, dass ich extra für ihn aufgeräumt habe, bedankt er sich. Wenn er mal wieder den übervollen Mülleimer runtergebracht hat: Dankeschön. Hört sich banal an, ist es aber nicht. Weil es manchmal ein echtes Opfer bedeutet, noch jemand anderem zu danken, wenn man selbst ziemlich fertig und ausgelaugt ist. Aber es lohnt sich und man prägt eine super Ehe- und Ehrekultur.

Einen tollen Effekt erzielt es auch, gut übereinander zu reden. Öfter rede ich mit den Kindern (oder manchmal auch mit anderen Leuten) darüber, was für einen tollen Papa sie haben und wie froh ich bin, so einen wunderbaren Mann zu haben. Ich erzähle ihnen, warum ich das finde, und wir beten beim Essen für ihn. Die Mädels lieben es, wenn wir Gutes übereinander sagen, und es ist einfach ein tolles Gefühl, wenn ich höre, dass Andi jemand anderem etwas Wertschätzendes über mich erzählt.

Ganz kurz möchte ich hier das wunderbare Büchlein, die »5 Sprachen der Liebe«[7], empfehlen. Durch das Buch habe ich gelernt, wie ich meinem Mann und meinen Kindern meine Liebe am besten zeigen kann, damit diese sie auch verstehen: durch Zärtlichkeit, Zeit zu zweit, Hilfsbereitschaft, Lob und Anerkennung oder Geschenke. Jeder Mensch hat eine andere Liebessprache, und es lohnt sich sehr, diese herauszufinden, um seine Liebesdienste umso treffsicherer einzusetzen. Das Buch ist eine Investition für jegliche Art von Beziehung, denn auch unsere Kinder und Freunde haben unterschiedliche Liebessprachen.

> Wenn wir es schaffen zu sehen, was der andere alles tut, und ihm ein lautes und ehrliches »Dankeschön« dafür zu sagen, machen wir den Weg frei für eine gegenseitige Wertschätzungskultur.

Wie könnt ihr euch gegenseitig kleine Liebesdienste erweisen? Was mag euer Partner gerne, was ihr für ihn tun könnt? Bedankt euch beieinander für alles, was der andere heute für eure Familie getan hat.

Glaubensleben gestalten

Jeder Einzelne von uns kümmert sich zuerst um seine eigene Beziehung zu Jesus, darüber hinaus wollen wir aber auch gemeinsame geistliche Zeit verbringen. Als Andi und ich ein junges Paar waren, bestand unsere gemeinsame Spiritualität daraus, zusammen in der Bibel zu lesen und uns darüber auszutauschen und zu beten, Gitarre zu spielen und zu singen, beim Essen eine Andacht zu lesen und darüber zu sprechen und dem Besuch von Hauskreis, Gottesdienst und anderen Veranstaltungen. Das alles fand tagsüber und mit voller geistiger Aufmerksamkeit statt.

Jetzt mit Kindern ist die gemeinsame ungestörte Zeit eigentlich komplett auf den Abend verlegt worden. Da sind wir generell müde und viele organisatorische Dinge wollen sich vordrängen, deshalb haben wir relativ feste Termine und Rituale eingeplant, damit wir das, was uns am wichtigsten ist, auch so leben können.

Wir haben an einem Abend in der Woche Gebetstreff bzw. Hauskreis bei uns. So können wir beide dabei sein und mit anderen Gemeinschaft haben und beten. Wir schlafen nicht so schnell ein und streiten sehr viel weniger, kurz bevor oder während wir beten. Der Aufwand, die Wohnung aufzuräumen, die Kinder schneller ins Bett zu bringen und Stress mit dem Duschen und der Vorbereitung lohnt sich allemal, weil wir danach jedes Mal sehr beschenkt sind und ein gemeinsames Erlebnis hatten. Wir kennen es auch von anderen Hauskreisen, dass man sich im Wechsel bei anderen trifft, damit man nicht jede Woche die Vorbereitung übernehmen muss. Der Nachteil ist dabei, dass dann – ohne Babysitter – nur einer von beiden gehen kann.

Andi war dieses Jahr neu motiviert, dass wir wieder gemeinsam in der Bibel lesen und uns darüber austauschen. Das hat uns damals ohne Kinder eigentlich immer sehr gefallen. Also versuchen wir jetzt, uns Sonntagsabends von 21 bis 22 Uhr eine Stunde Zeit dafür zu nehmen. Manchmal klappt es, manchmal vergessen wir es, manchmal ist es schon viel zu spät, manchmal haben wir keine Lust. Aber wenn es klappt, finden wir es beide gut und sind neu gefüllt mit Geist und Leben und einfach enger verbunden. Eine Freundin gab uns vor einigen Jahren die Anregung, gemeinsam das Abendmahl zu feiern. Das fanden wir gut und üben uns darin, dies mehr oder weniger regelmäßig sonntags zu tun.

Und dann gibt es noch den Start in den Tag, der bei uns schon immer gleich gewesen ist. Andi muss früher aus dem Haus gehen als ich, meistens liege ich dann noch im Bett. Weil es ihm wichtig ist, kommt er zu mir ins Schlafzimmer, wo wir kurz füreinander und für den Tag beten. Meinerseits geschieht das meist im Delirium, aber oft kriege ich auch etwas mit und bete bewusst, bevor ich wieder in den Kurztiefschlaf falle. Ich bin echt dankbar, dass Andi das so treu macht, und bin davon überzeugt, dass es einen Unterschied macht, ob solch ein »halb waches« Gebet stattfindet oder nicht. Man wächst als geistliche Einheit zusammen und Jesus freut sich. In einer Zeitschrift las ich von zwei Ehepaaren: Das eine Paar nimmt sich morgens wirklich wache Zeit, um gemeinsam in der Bibel zu lesen, und das andere praktiziert jeden Morgen gemeinsam das hörende Gebet.[8] Das finde ich super, und wir sind voller Motivation, in naher Zukunft auch etwas Ähnliches anzupacken.

Irgendwann einmal hat mir jemand von einem Ehepaar erzählt, das jeden Abend zusammen vor dem Bett kniet und betet. Das fand ich irgendwie richtig cool, und ich dachte, dass wir das ja wohl auch hinkriegen würden. Ehrlich gesagt weiß ich nicht mehr, ob wir es ein einziges Mal gemacht haben. Es passte nicht zu uns. Wir lieben es, abends einfach in unserem Bett zu liegen und uns auszustrecken. Wenn man eine tolle Inspiration von jemand anderem bekommt, ist es gut, sie auszuprobieren und dann so abzuwandeln, wie es zu einem als Ehepaar passt. Uns ist es grundsätzlich schon wichtig, den Tag mit Gebet zu beenden, allerdings ist oft die Müdigkeit schneller. Meist spricht der, der noch am motiviertesten ist, ein kurzes Gebet, und falls wir mal ausnahmsweise noch Energie haben, beten wir für aktuelle Anliegen. Ich denke, dass hier nicht so sehr die Performance zählt, sondern das Herz dahinter.

Wenn wir in den Gottesdienst gehen, gehen wir alle gemeinsam mit Sack und Pack und erzählen uns danach, was wir in der Predigt oder im Kinderraum gelernt haben. Wenn wir nicht gehen, spielt Andi sonntagmorgens Gitarre, und wir machen unseren eigenen Familiengottesdienst (in aller Einfachheit). Lobpreislieder lieben wir alle sehr, egal, ob Kinder- oder Erwachsenenmusik, da geht es in voller Lautstärke ab.

Wie lebt ihr euer Glaubensleben? Was wäre für euch als Paar eine passende Möglichkeit, dieses zu gestalten?

Unsere Ehen sind absolut schützenswert und stecken so voller Kraft. Machen wir uns mit Gottes voller Unterstützung an die Arbeit, um sie mit Leben und Liebe zu füllen. So dürfen unsere Kinder unter den besten Voraussetzungen in dieses Leben starten und wir zwei Liebende werden, die gemeinsam den Lauf bis ans Ende mit Genuss vollenden. Egal, wie müde, genervt und gestresst ihr als Ehepaar in dieser Kleinkindzeit vielleicht sein werdet, ihr werdet es schaffen. Ihr werdet zusammenhalten und gerade durch eure Kinder wird eure Ehe noch stärker und schöner werden.

2. Auf geht's – Schwangerschaft gestalten

Wenn das Fundament eines Hauses gelegt ist, macht man sich an die Arbeit, daran weiterzubauen. Und dann ist es irgendwann plötzlich so weit. Vielleicht habt ihr es schon lange heiß ersehnt oder es kam doch relativ unerwartet, und es heißt auf einmal: Wir bekommen ein Baby! Das Gefühl, wenn man »schwarz auf weiß« in Form eines Ultraschallbildes sieht, dass da ein Baby im Bauch der Frau heranwächst, ist unbeschreiblich. Allerhöchste Aufregung, Gefühlsachterbahn und ein riesiges Stolz- und Glücksgefühl trifft es bei mir als Beschreibung am besten.

Hier fangt ihr an, eine Familie zu gründen und gemeinsam Elternschaft zu leben, denn schon wenn das Baby noch winzig klein ist, wird sein Leben beeinflusst. Der Grundstein der Beziehung zwischen Eltern und Kind und geistliche Grundlagen werden gelegt. Das Baby ist schon da, obwohl man es noch nicht sieht. Es bekommt nahezu alles mit, besonders die Gemütslagen und Dinge auf der emotionalen Ebene, und spürt direkt, was die Mama spürt, sei es Angst, Frieden, Anspannung, Freude oder Stress. Es bezieht diese Gefühle immer direkt auf sich selbst, hat also die Mama Angst, hat es selbst auch Angst, ist die Mama entspannt, entspannt es sich auch selbst. Darum ist es entscheidend wichtig, dass die werdende Mama am meisten auf sich und ihre emotionale Lage achtgibt und versucht, es sich so gut wie möglich gehen zu lassen. Das ist manchmal einfacher gesagt als getan. Mir ging es in meinen Schwangerschaften immer sehr gut, deshalb kann ich gut reden bzw. schreiben. Anderen ist monatelang sehr übel oder sie haben Schmerzen am ganzen Körper. Da bleibt wenig Energie und Kraft, noch an irgendetwas oder jemand anderes zu denken oder großartige Gebete zu sprechen. Das müsst ihr auch nicht! All mein Mitgefühl ist mit euch, wenn es euch in der Schwangerschaft gerade wirklich nicht gut geht. Haltet durch, es wird ein Ende haben. Egal, wie es uns geht, wir dürfen und müssen sogar lernen, unser Baby in Gottes Hände abzugeben. Er muss und wird es mit allem versorgen, was es braucht. Wir können unser Bestes geben, aber das wird nie ohne Fehler oder genug sein. Wir sind nur Menschen, und das ist auch gut so. Gott ist immer noch größer und er hält dieses kleine Wunder in seinen Händen. Wir dürfen Gelassenheit trainieren und ihm alles anbefehlen. Er wird es gut machen, trotz unserer Begrenztheit.

Für den Mann ist die ganze Sache am Anfang noch relativ abstrakt und irgendwie fern. Deshalb ist es die Aufgabe des Mannes, seine Frau so gut es geht zu unterstützen, damit es ihr gut geht. Aber das gilt ja auch schon vorher, ganz nach dem Motto: »Happy wife, happy life.«

Gemeinsam vorbereiten

Für uns war schon von Anfang an wichtig, dass wir das Projekt Familie gemeinsam durchziehen. Ich hörte damals etwas von Geburtsvorbereitungskursen, die man gemeinsam als Paar macht, und informierte mich. Gott sei Dank war gleich in unserer Nähe ein Angebot hierfür, und wir meldeten uns gleich an, nachdem wir Bekannte dazu befragt hatten, die diesen Kurs schon absolviert hatten. Ich bin für immer dankbar für diese Zeit, die wir dort gemeinsam investiert haben, denn wir bekamen Informationen und Denkanstöße, die wir noch nie zuvor gehört und über die wir noch nie nachgedacht hatten. Unsere Hebamme ist eine leidenschaftliche Frau, die uns gelehrt hat, unser Baby im Bauch ernst und wichtig zu nehmen, es vorzubereiten und mit ihm Beziehung aufzubauen, obwohl wir es noch gar nicht sehen. Wir bekamen so viele wichtige Informationen und durften lernen, uns selbst über Dinge und Themen zu informieren und uns eine eigene Meinung zu bilden, anstatt uns von unseren Ängsten leiten zu lassen und einfach alles zu machen, was irgendjemand anderes sagt. All diese Dinge waren so neu und aufregend, weil wir uns noch nie zuvor damit beschäftigt hatten, und es war so unglaublich toll, dass wir sie immer gemeinsam hören konnten und danach miteinander besprechen und darüber nachdenken konnten. Dieser Paarkurs legte das Fundament für unsere Familiengründung, weil wir gemeinsam Bescheid wussten, gemeinsam überlegen mussten und gemeinsam entschieden. So übten wir schon von Anfang an, die Verantwortung für unsere Kinder zu teilen und zusammen Dinge zu entscheiden. Für mich war das total gut, weil ich von meiner Persönlichkeit eher jemand bin, der nicht gerne alleine eine Entscheidung fällt, sondern eher jemand anderen braucht, der mitüberlegt und berät. Es stärkte unsere Ehe, und ich hatte nie das Gefühl, alleine schwanger zu sein, sondern »wir waren zusammen schwanger«.

Für Andi war es so, dass er sich durch den Kurs besser mit der ganzen neuen Situation vertraut machen konnte. Er war nicht am eigenen Leib betroffen, aber mit seinem Wissen und Mittragen fühlte er sich mehr mit mir und mit dem Baby im Bauch verbunden. Er fand es gut, Infos über die Geburt zu bekommen, und konnte vieles währenddessen anwenden, wie z. B. das Mitatmen bei den Wehen oder Hilfestellungen bei Geburtspositionen. Durch den ganzen Kurs war er viel besser vorbereitet, als wenn er nur an einem oder zwei Abenden dabei gewesen wäre. Wir besuchten nur beim ersten Kind einen Paarkurs. Dieser gab uns so viel Information und praktisches Know-how, dass wir uns für alle Geburten gut vorbereitet fühlten.

Mir ist klar, dass es aus ganz unterschiedlichen Gründen nicht für jedes Paar möglich ist, einen Paarkurs zu erleben. Dennoch möchte ich dazu ermutigen, euch so viel wie möglich zu informieren und gemeinsam Dinge anzusprechen, zu überlegen und nachzufragen. Als werdende Eltern sind wir mit so vielen äußeren und inneren Unsicherheiten, Meinungen und Fragen konfrontiert, dass ehrliche und verlässliche Informationen unbezahlbar sind. Wenn man sich aufmacht, diese neue Welt gemeinsam zu erkunden und zu erobern, verschwindet einiges von dieser vagen Unsicherheit, man wächst als Team zusammen und legt den Grundstein für einen einzigartigen Weg seiner zukünftigen Familie. Im Leben mit Kindern geht es oft darum, als Eltern eigene Wege zu finden und mutige Entscheidungen zu treffen, die man dann schon von Anfang an gemeinsam trainiert hat.

Euch Frauen ermutige ich: Bezieht eure Männer mit ein, erzählt ihnen, fragt sie nach ihrer Meinung zu Dingen, die ihr hört oder gesagt bekommt, lasst sie teilhaben an euren Ängsten und Gefühlen (und nicht nur eure Freundinnen).

Euch Männer ermutige ich: Bringt euch ein, übt Leiterschaft für eure Familie: Zeigt Interesse an all diesen fremden und neuen Dingen, informiert euch, redet mit und findet gemeinsam eigene Wege, zeigt eurer Liebsten, dass ihr voll dabei seid und alles geben werdet (auch wenn euch manche Informationen etwas überfordern).

Wenn ihr zum ersten Mal eine Schwangerschaft erlebt, werdet ihr viele neue Dinge kennenlernen. Über einige von ihnen möchte ich euch jetzt berichten.

Vorsorgeuntersuchungen und Ultraschall

Ein Punkt, der mir auf dem Herzen liegt, ist der Umgang mit all den Informationen aus Vorsorgeuntersuchungen oder Ultraschalle während der

Schwangerschaft. Ich finde es total super, dass es sie gibt und dass unsere medizinische Versorgung in Deutschland so exzellent ist. Wir können wirklich dankbar sein, in so einem reichen und gut versorgten Land leben zu dürfen. Allerdings sehe ich auch die Schattenseite und denke dabei an alle Mamas und Papas, die total unsicher und verängstigt jeden nicht ganz so positiven Kommentar des Arztes auf die Goldwaage legen. Eltern, die lieber 20-mal eine Ultraschalluntersuchung machen würden, damit sie auch wirklich sicher sein können, dass mit ihrem Baby alles »in Ordnung« ist. Die eine ständige Angst plagt, die unter der Oberfläche lauert: »Was, wenn etwas nicht ›normal‹ laufen würde mit unserem Baby?« Die sich oftmals total abhängig von der ärztlichen Untersuchung und dem Ergebnis und Urteil darüber machen.

Ultraschalluntersuchungen sind ja echt super, um ein erstes Gefühl für das Baby zu bekommen, (dann allen das Bildchen zu zeigen) und natürlich zu schauen, ob alles dran ist, was dran gehört. Aber sie vermitteln auch eine trügerische Sicherheit. Als werdende Eltern kämpfen wir ständig gegen die Angst an, dass etwas mit unserem Baby nicht in Ordnung sein könnte. Ich habe das Gefühl, dass wir durch den Ultraschall versuchen, unsere Angst zu beschwichtigen. Sie ist auch tatsächlich kurz beschwichtigt, wenn der Doktor uns sagt, dass alles o.k. aussieht. Aber ein paar Minuten später meldet sie sich wieder und macht weiter wie zuvor. Das Ergebnis des Ultraschalls gibt uns also keine echte Sicherheit. Eine starke Freundin von mir, die ein behindertes Kind zur Welt brachte, sagte zu mir, dass sie im Nachhinein am liebsten gar keine Ultraschalle gemacht hätte: »Der ganze Stress und das Verrücktspielen der Gedanken«. Sie sagte: »Und wenn ich ganz genau herausgefunden hätte, wie mein Kind nachher sein wird, hätte das doch nicht meine Liebe zu ihm beeinflusst. Ich liebe es ganz genau so, wie es ist.«

Ich wünsche uns, dass wir uns von Kommentaren wie »Das Kind ist zu groß/zu klein/zu schwer/zu leicht« oder »Das Kind sollte eigentlich dies und das nicht tun« nicht total einschüchtern lassen und in große Panik verfallen. Ich wünsche uns die Gelassenheit zu wissen, dass Ärzte auch nur Menschen sind, die das, was sie sehen, mit bestem Wissen und Gewissen nach den durchschnittlichen Normwerten beurteilen. Bei der nächsten Untersuchung kann alles schon ganz anders aussehen und jede Sorge war umsonst. Und manchmal machen Menschen auch Fehler und schätzen etwas falsch ein oder übersehen etwas. Wir sollten nicht dumm oder besserwisserisch sein, aber wir dürfen uns in keine unnötige Angst hineinsteigern lassen.

Was für uns beim Ultraschall immer wichtig war, war, unser Baby darauf vorzubereiten. Unsere Hebamme hatte uns darauf aufmerksam gemacht, dass ein Ultraschall auch Auswirkungen auf das Ungeborene hat. Für das Kind sind diese Untersuchungen nicht angenehm. Es spürt den Druck und die Anspannung der Mutter. Vielleicht spürt es auch die Tatsache, dass die Pränataldiagnostik ja darauf spezialisiert ist, nach »Mängeln« an den Ungeborenen zu suchen. Wir haben es so gehalten, dass wir dem Baby vor einer Ultraschalluntersuchung erzählt haben, dass heute solch eine stattfindet, dass es dabei ein bisschen drückend und ungemütlich wird, es aber nicht allzu lange dauert. Wir erzählten ihm, dass wir nach ihm schauen würden und uns schon sehr auf es freuen und außerdem einmal mehr, dass wir es so lieben, wie es ist.

Eine tolle Eigenschaft, die ich in meiner gesamten Schwangerschaft lernen durfte, ist wirklich, mich in mein Baby hineinzuversetzen und Dinge aus seiner Perspektive zu betrachten. Mir vorzustellen, was es fühlt und wahrnimmt bei dem, was ich sage oder tue, ist jedes Mal sehr eindrücklich für mich gewesen. Es hilft mir auch heute noch, mich immer wieder in meine Kinder hineinzufühlen, um besser zu verstehen, wie es ihnen geht.

Mit diesen Angstgefühlen beschreibe ich mich auch selbst, als ich zum ersten Mal schwanger war. Wenn ihr gerade in der gleichen Situation seid, wisst ihr bestimmt, was ich meine und was damals in mir vorgegangen ist: diese große Unsicherheit und Unwissenheit, diese vielen verschiedenen Informationen, die völlig neuen Gefühle, diese Verantwortung, diese Liebe und diese riesige Angst, dass irgendetwas Schlimmes passieren könnte. Besonders in den ersten drei Monaten habe ich quasi um jeden Tag gebangt. Dann war diese Zeit endlich vorbei, aber – oh nein! – bei xy ist auch noch in den späteren Schwangerschaftsmonaten etwas passiert und bei einer Bekannten ganz kurz vor der Geburt noch dieses und jenes gewesen ... So geht es immer weiter im Kopf, wenn wir uns nicht bewusst dagegen entscheiden.

Umgang mit unserer Angst

Wie können wir dann aber so mit all den Informationen umgehen, die wir während der Schwangerschaft zu hören bekommen, dass sie uns nicht in Angst und Panik versetzen?

Ich möchte euch als Schwangeren erst einmal Mut machen. Es kann generell immer etwas passieren. In der Schwangerschaft, bei der Geburt und im ganzen Leben. Jesus sagt euch: »Habt keine Angst, ich bin mit euch, wo ihr auch hingeht, ob zur Vorsorge oder in den Kreißsaal. Ich lasse euch nicht alleine. Macht euch keine Sorgen, ich kümmere mich um euch und um euer kleines Baby. Vertraut mir, ich meine es wirklich gut mit euch. Ich bin euer guter Papa und ich habe gute Pläne mit euch. Ich halte alles in meinen Händen, auch dieses winzige Baby. Ich liebe es noch mehr, als ihr es liebt. Ich selbst habe es in euch hineingelegt, es gehört mir. Lasst es los und legt es in meine Hände. Ich kann am allerbesten auf euren Schatz aufpassen. Lasst eure Angst gehen, und nehmt die Freiheit, die ich euch schenken möchte.«

> Jesus sagt euch: »Habt keine Angst, ich bin mit euch, wo ihr auch hingeht, ob zur Vorsorge oder in den Kreißsaal.«

Diese völlig neue Situation ist ein Training. Wir dürfen lernen, loszulassen und zu vertrauen. Wir haben dieses Leben nicht in unserer Hand, und es bringt nichts, durch Sorgen, Nachforschen oder Untersuchungen zu versuchen, diese Stimme der Angst zum Schweigen zu bringen. Wir dürfen und müssen lernen, mehr auf Gottes Worte zu vertrauen als auf die Worte von Menschen. Dann werden wir erleben, wie unser Vertrauen wächst und die Stimme der Angst immer kleiner werden muss.

Jesus sagt uns viele Male in seinem Wort: »Sorgt euch nicht und habt keine Angst. Fürchtet euch nicht.«[9] Weil er da ist und er immer noch größer als alles andere ist. Ihm stehen alle Türen und Möglichkeiten offen. Wir haben die Waffe des Gebetes. Falls tatsächlich Dinge auftreten, die wir uns ganz anders vorgestellt hatten, sind wir nicht allein damit. Gott geht mit uns und er hat den Durchblick. Er sagt in Jeremia 29,11: »Denn ich weiß, was ich für Pläne für euch habe, spricht der Herr, Pläne voller Hoffnung und Zukunft!«

Ich möchte euch ein paar ganz praktische Tipps geben, mit dieser Angst umzugehen. Wenn man etwas gelesen oder gehört hat, bleibt das oft im Kopf. Die Information wird gepaart mit der Angst, dass dies auch einem selbst bzw. dem eigenen Baby passieren könnte. Ständig denkt man daran und vergrößert damit die Angst noch mehr. Das muss nicht sein. Es ist wichtig, sich gute Informationen aus verlässlichen Quellen zu beschaffen. Achtet darauf, was ihr lest und wem ihr Gehör schenkt. Oft ist es besser, keine Suchmaschine im Internet zu benutzen, die zuerst sämtliche Horrorgeschichten auflistet. Manche Geschichte entspricht vielleicht nicht mal der Wahrheit oder wurde übertrieben. Manches ist tatsächlich wahr und dient uns aber trotzdem nicht zum Guten. Lasst uns solche Angst machenden Informationen wieder löschen und sie stattdessen durch die Wahrheit von Jesus ersetzen. Wenn ich während meinen Schwangerschaften eine Geschichte gehört habe, die mir Angst gemacht hat, hat es mir geholfen, laut auszusprechen: »Das wird bei mir nicht so sein. Ich und mein Baby stehen unter dem Schutz von Jesus. Mein Baby und ich sind gesund und ich werde eine gute Schwangerschaft haben. Jesus ist bei mir, ich bin nicht allein. Er hat die Lösung für alle Probleme. Er hat alles im Griff.« So habe ich gemerkt, dass wieder Frieden bei mir und somit auch bei meinem Baby einzog.

Wenn ihr merkt, dass Aussagen von anderen über euch oder euer Baby sich in eurem Kopf festsetzen und euch nicht guttun, sprecht die Wahrheit laut darüber aus und betet, dass Jesus diese Sätze ersetzt – mit seinen Gedanken über das Baby: »Du bist genau richtig, wie du bist. Wir lieben dich, egal, ob du ein Junge oder Mädchen wirst. Und egal, welche Charaktereigenschaften du haben wirst. Gott hat einen einzigartigen Plan für dein Leben.« Das nennt man geistliche Kampfführung. Wir lernen, wie wir unsere Gedanken steuern und in Einklang mit dem bringen, was Jesus denkt. Alles, was wir aussprechen, hat eine Auswirkung. Was andere über euch oder euer Kind sagen, hat Macht. Aber alles, was ihr über euch selbst und euer Kind sagt, hat eine noch größere Macht.

Welche Gedanken oder Aussagen hast du im Kopf, die dir Angst machen? Mit welchen Wahrheiten aus der Bibel könntest du sie ersetzen?

Urlaub zu zweit genießen

Was auch zu unserer Vorbereitung auf das Abenteuer Baby gehörte, war ein schöner gemeinsamer Urlaub zu zweit. Wir wollten noch einmal bewusst unsere Ruhe und das »Alleinsein« genießen, bevor es mit der Familie und Kindern losging. Jetzt denke ich, dass das wirklich sehr weise von uns war, und ich bin total dankbar, dass wir die Zeit ohne Kinder als Ehepaar bewusst genossen haben. Ich war schon einige Monate schwanger, und wir hatten Zeit, aufzutanken und zu entspannen. Jeder auf seine Weise: Andi, der Bewegungsmensch, beim Schnorcheln und ich, der Strandlieger, bei der Entspannung auf der Liege.

Ratgeber lesen

Bevor wir zu diesem Urlaub aufbrachen, hatten wir uns ein Buch mit Informationen, Anregungen und Fragen für werdende Eltern besorgt. Dieses Buch arbeiteten wir voller Elan durch und bekamen viele Impulse und Denkanstöße, um miteinander ins Gespräch zu kommen, wie wir uns das Leben mit Baby vorstellten und was sich vielleicht ändern würde. Ich muss ehrlich sagen, dass einen nichts wirklich darauf vorbereiten kann, wie sich das Leben mit Baby anfühlt. Trotzdem ist es gut, sich gemeinsam Gedanken zu machen, zu sprechen und zu träumen, dabei aber im Blick zu behalten, dass das echte Leben mit Baby auch ganz anders aussehen kann.

Vorbereiten auf Mama-Art

Als mir zum ersten Mal ganz klar war, dass ich wirklich ein Kind erwarte, kaufte ich mir ein schönes Büchlein und fing an, meine Gefühle und Gedanken während der Schwangerschaft aufzuschreiben. Ich begann jeden Eintrag mit »Liebes Baby …« und fand es schön, mir vorzustellen, wie mein Kind mal mit 18 Jahren lesen konnte, wie sein Leben begonnen hatte. Weil ich es liebe zu schreiben, war das eine tolle Art für mich, mit dem Baby in meinem Bauch eine Beziehung aufzubauen. Auch als Mama ist es zunächst schwer, sich vorzustellen, dass da ein neues Leben in einem heranwächst. Gott sei Dank hat man einige Monate, um sich langsam, aber sicher daran zu gewöhnen. Auch das Größerwerden des Bauches ist wunderbar, damit Mama und vor allem auch Papa klar wird, dass sich da etwas ganz gewaltig ausbreitet.

Eine weitere Art, mit dem Baby in Kontakt zu treten und ihm schon im Bauch zu zeigen, dass es willkommen und geliebt ist, ist ganz einfach das Gespräch mit ihm. Einfach und doch nicht so einfach. Anfangs fühlte es sich bei mir ein wenig seltsam an, laut mit meinem Bauch zu sprechen. Ich habe dann darauf geachtet, dass ich dabei ganz alleine war, sodass es nach einer Weile und mit wachsendem Bauch einfacher wurde. Manchmal habe ich dem Baby auch etwas aus der Bibel vorgelesen. Diese Rede- und Vorlesezeit hat sich dann so vor dem Schlafengehen eingependelt, dass ich sie auch nach der Geburt als Ritual weitergeführt habe, weil das Baby es ja schon von der Zeit im Bauch her kannte. Das Embryo spürt, wenn man ihm Aufmerksamkeit schenkt, hört die vertraute Stimme der Mama, die sanft und liebevoll mit ihm spricht, fühlt die Liebe und Vorfreude und kann so eine Beziehung und Bindung zur Mama aufbauen, die ein Leben lang weitergeht.

Gespräch mit dem Baby im Bauch

Unsere Hebamme hat uns auch beigebracht, dass nicht nur wir uns auf die Geburt vorbereiten können, sondern auch unserem Baby dabei helfen können. Dazu können wir ihm einige Wochen vor der Geburt jeden Tag erzählen, was passieren wird, wenn es so weit ist. Etwa so: »Mein liebes Baby, bald geht es los und du kommst zu uns! Wir freuen uns schon sehr auf dich. Wir haben hier alles gut für dich vorbereitet und du bist herzlich willkommen. Wenn der richtige Zeitpunkt gekommen ist, werden bei der Mama die Wehen losgehen. Das wird für euch beide ein bisschen unangenehm sein, denn dabei zieht sich die Gebärmutter um dich herum immer wieder zusammen und entspannt sich danach wieder. Aber jede Wehe ist gut, weil du dabei nach unten in Richtung Ausgang geschoben wirst und uns dadurch Schritt für Schritt näher kommst. Erst geht's durchs Becken der Mama, wo du deinen Kopf erst rein- und dann ein Stück weiterdrehen musst. Das wirst du super machen, denn dein Instinkt verrät dir, wie es geht. Im Becken wird's richtig eng, aber dann ist die Reise auch bald schon vorbei. Die Mama wird dir die ganze Zeit helfen, indem sie die Wehen gut veratmet und ihr Becken kreisen lässt, damit du dich gut nach unten schrauben kannst. Außerdem ist Jesus die ganze Zeit bei dir, denn er hat den Zeitpunkt deiner Geburt schon lange vorherbestimmt und kennt jetzt schon deinen Namen. Wenn du durch das Becken durch bist, wirst du merken, dass jetzt der Ausgang frei ist. Zusammen mit deiner Mama wirst du dabei helfen, dass du zu uns auf diese Welt kommst. Sobald du da bist, werden wir uns riesig freuen und dich so schnell es geht in unsere Arme schließen und dich spüren lassen, dass du angekommen bist.«

Vielleicht fragt ihr euch jetzt, wo ihr denn hier gelandet seid? Ich fand es auch erst ein bisschen komisch, aber nachdem ich es ein paar Male ausprobiert hatte, merkte ich, dass es mir selbst Sicherheit gab zu wissen, was denn bei der Geburt passieren würde und ich dadurch auch meinem Kind Sicherheit gab. Dadurch, dass es meine Sicherheit und Gelassenheit spürte und dass es hörte, wie die Sache optimalerweise laufen würde, war es so gut wie möglich auf die bevorstehende Extremsituation vorbereitet.

Falls ihr gerade schwanger seid und von solch einer Vorbereitung so noch nichts gehört habt, wundert euch nicht, das geht wahrscheinlich den allermeisten so. Meine Erfahrungen bei der Geburt hiermit waren sehr positiv. Ob es tatsächlich an diesem Gespräch mit dem Baby lag, weiß ich nicht. Ich möchte euch dennoch sehr ermutigen, Kontakt mit eurem Baby im Bauch aufzunehmen, in welcher Form auch immer. Wenn ihr kreativ seid, malt ein Bild oder bastelt etwas Besonderes, singt ein Lied für das Baby, schreibt ihm ein Kärtchen, fangt an, sein Zimmer zu dekorieren, und erzählt ihm dabei, was ihr tut – beim Abwaschen, Autofahren oder Putzen. Lasst euer Kind an euren Gedanken teilhaben und sprecht es direkt an, es macht einen Unterschied und legt einen guten Grundstein für später, immer mit seinen Kindern im Gespräch zu sein, egal, wie alt sie sind. Durch diese Gespräche werdet ihr schon früh miteinander verbunden sein und euer Baby wird mit einer Extraportion an Liebe ausgestattet.

Vorbereiten auf Papa-Art

Was für uns Mamas relativ schnell sehr real ist, bleibt für unsere Männer oftmals eher fremd. Sie haben keine Heißhungerattacken, ihnen ist nicht übel und sie müssen nicht erbrechen (zumindest nicht, weil sie ein Baby im Bauch haben). Sie erleben die zahlreichen körperlichen und emotionalen Veränderungen nicht am eigenen Leib, sondern können dem Ganzen nur aus einer gewissen Distanz folgen. Aber gerade deshalb ist es umso wichtiger für den Papa, einen eigenen Zugang zum Baby zu finden und schon im Bauch eine Beziehung zu ihm anzufangen. Auch durch den Vorbereitungskurs war mein Andi schon von Anfang an mit Feuereifer bei der ganzen Sache dabei. Er fing irgendwann an, ein abendliches Ritual einzuführen: Er cremte vorsichtig meinen Bauch ein und stellte sich dabei vor, dass er sein Baby massierte. Dabei erzählte er ihm von seinem Tag. Er versicherte dem Baby, dass wir uns sehr auf seine Ankunft freuen und es sehr lieb haben. Das war auch für mich ein angenehmes Ritual, und ihm gab es das Gefühl, dass auch er eine Art Beziehung zu seinem Baby hatte.

Wir haben unserem Ungeborenen außerdem eine schöne Spieluhr gekauft und diese jeden Abend vor dem Schlafengehen auf meinen Bauch gelegt und laufen lassen. Nach der Geburt haben wir dieses Ritual beibehalten und gehofft, dass das Baby dadurch besser schläft. Denn schon im Bauch haben wir mit der Spieluhr den Beginn der Nacht eingeläutet. Ich kann nicht mit Sicherheit sagen, ob das wirklich etwas gebracht hat, aber es war schön.

Den Körper vorbereiten

Neben der emotionalen und gedanklichen Vorbereitung gibt es natürlich auch noch viele Dinge, die man in der Schwangerschaft ganz praktisch für den Körper tun kann. Ich kann aus meiner eigenen Erfahrung erzählen, was ich davon ausprobiert habe und wie es mir damit ging. Die folgenden Tipps sind also völlig subjektiv und ohne Garantie darauf, dass es euch genauso damit geht. Es lohnt sich aber, wie ich finde, immer, andere Mütter nach ihren Erfahrungen zu fragen, um dann selbst etwas auszuprobieren, mit der Option es auch wieder aufhören zu können, wenn es nicht zu einem passt. Und auch Hebammen geben ihre ganz eigenen Erfahrungen und Empfehlungen weiter.

Extravitamine in Pillenform: Ich selbst habe nie Tabletten genommen bzw. sehr unregelmäßig, und ich denke, dass Mama und Baby alles bekommen, was sie brauchen, wenn die Ernährung einigermaßen ausgewogen ist und alle Werte normal sind.

Spezieller Tee für Schwangerschaft: Bei meinem ersten Kind habe ich mir einige Wochen vor der Geburt extra einen Tee von der Apotheke mischen lassen, der nicht wirklich gut schmeckte. Ich kann außerdem nicht sagen, ob er tatsächlich die Geburt gefördert hat.

Stilltee: Als Stillvorbereitung trank ich schon in der Schwangerschaft nur noch Fenchel-Anis-Kümmel-Tee. Mein ständiger Begleiter in den letzten sechs Jahren! Irgendwann hatte ich mich an den Geschmack gewöhnt und meine Milch lief bei jedem neuen Baby gut und war reichlich vorhanden! Diese Option ist viel günstiger als extra Stilltee zu kaufen.

Dammmassage: Beim ersten Kind habe ich mir pflichtbewusst im letzten Trimester der Schwangerschaft jeden Tag Zeit genommen, die Massage durchzuführen — so gut, wie ich verstand, was ich eigentlich machen sollte. Als Magali dann bei der Entbindung nach mehreren Stunden des Pressens nicht herauskommen wollte, machte die Ärztin kurzerhand den beängstigenden Dammschnitt, und endlich flutschte sie heraus! Alle gründliche Vorbereitung zur Dehnung des Dammes war also leider gescheitert! In der nächsten

Schwangerschaft führte ich die Massage vielleicht halb so oft durch, in der dritten vielleicht ca. dreimal insgesamt und in der vierten dann gar nicht mehr. Bei jeder Geburt hatte ich mindestens einen kleinen Riss. Alle Verletzungen sind verheilt und bedeuten keinerlei Einschränkung für mich. Vielleicht hätte ich gewissenhafter massieren sollen, aber ich glaube eher, dass man es eben nur begrenzt in der Hand hält – trotz guter Vorbereitung des Damms. In der ersten Schwangerschaft war ich aber froh, mich vorbereiten zu können, um dann im Nachhinein zu wissen, dass ich mein Bestes gegeben hatte.

Vorbeugung von Schwangerschaftsstreifen: Ich habe meinen Babybauch in jeder meiner Schwangerschaften eingecremt und eingeölt und damit eine Bindung zum Baby aufgebaut. Außerdem tut es der Haut gut und ist einfach schön. Ob es späterer Streifenbildung wirklich vorbeugen kann, weiß ich nicht. Ich kenne Mamas, die Streifen bekommen haben, und andere, die keine haben, obwohl alle cremen. Wahrscheinlich liegt es eher am Gewebe- oder Hauttyp, ob man Streifen bekommt oder nicht.

Brustwarzenöl: Das ist ein spezielles Öl, um die Brustwarzen für das Stillen vorzubereiten. Ich habe es in allen Schwangerschaften ganz brav angewendet, obwohl es komisch roch. Aber ich Nachhinein hatte ich wirklich das Gefühl, dass es etwas gebracht hat, denn ich konnte alle vier Mädchen gut und ohne größere Probleme mit den Brustwarzen stillen.

Am Ende dieser ganz praktischen Tipps kann ich euch zur Entspannung sagen, dass viele dieser Vorbereitungsprozeduren in unserem Fall beim ersten Kind sehr gewissenhaft und mit Feuereifer betrieben wurden und dann sehr stetig bei den nächsten Kindern abgenommen haben. Auf Deutsch heißt das, dass bei uns die vierte Tochter fast gar nichts von diesen ganzen wundervollen Vorbereitungen abbekommen hat. Aufgrund von Müdigkeit, Genervtheit oder Zeitmangel ist man oft nicht mehr mit ganz so viel Elan am Werk. Vielleicht kennt ihr als »Erstschwangere« gerade diese Gefühle auch und habt ein schlechtes Gewissen, weil ihr keine Kraft für all diese tollen Vorbereitungstipps habt und ich euch gefühlt noch mehr aufbürde, als ihr eh schon zu tragen habt. Ihr könnt durchatmen. Die vierte Tochter, der keine Geschichten im Bauch vorgelesen wurden und mit der auch nicht allzu viel im Bauch gesprochen wurde, entwickelt sich ganz wunderbar, hat eine Beziehung voller Nähe und Liebe zu ihrer Mama und ist eine riesige Freude für uns.

Sich geistlich vorbereiten

Andi und ich haben von Anfang an für unsere Kinder gebetet. Wir haben die Hände auf meinen Bauch gelegt, um uns ihnen näher zu fühlen, und dabei laut Gebete gesprochen, in denen wir ihnen Gottes Verheißungen für sie, seine Hand über ihrem Leben, seine Pläne und Absichten mit ihnen zugesprochen haben.[10] Das hat große Kraft und wird sich von Anfang an in ihren Herzen festigen. Es wird das prägen, was sie über sich selbst denken, wie sie Gott sehen und wie sie dieses Leben anpacken. Und es fängt schon an, wenn sie noch winzig klein sind.[11] Wir haben sie jeden Tag gesegnet und ihnen gesagt, wie gut Gott über sie denkt. Ich bin überzeugt, dass das einen großen Unterschied macht. Wir bestehen aus Körper, Geist und Seele. Der Körper des Babys mag im Bauch noch winzig sein und die Seele noch wenig entwickelt, aber der Geist nimmt schon auf, was wir an geistlicher Saat ausstreuen. Deshalb ist es gut, so früh wie möglich eine Gewohnheit daraus zu machen, laut für seine Kinder zu beten. Das hilft den Eltern, den richtigen Blickwinkel für ihr Kind zu behalten, und den Kindern, geistlich zu wachsen.

Falls ihr etwas überrascht über die unverhoffte Existenz dieses neuen Lebens seid, mache ich euch Mut. Ihr seid auserkoren, Mama und Papa dieses Menschen zu werden. Gott will genau euch als Eltern für euer Baby haben. Er macht keine Fehler und wir sind alle Wunschkinder für ihn. Er kennt jeden schon, bevor er überhaupt im Mutterleib existierte.[12] Er hat den Tag und den Ort bestimmt, an dem wir geboren werden.[13] Ich bin fest davon überzeugt, dass Gott weiß, was er tut. Er wird euch versorgen und euch alles geben, was ihr braucht. Mit ihm könnt ihr alles schaffen. Er kennt und liebt euch und hat einen guten Plan für eure Familie.

> Gott will genau euch als Eltern für euer Baby haben.

Der Geburtstermin rückt näher

Und dann ist irgendwann das Ende in Sicht – endlich! Für die einen ist es ein »endlich« nach der langen, anstrengenden Schwangerschaft, für die anderen ein »endlich«, weil sie bald ihr Baby live sehen dürfen! Das alles entscheidende Datum ist der Geburtstermin, auf den man am Ende hin zulebt.

Kommt das Baby schon vor dem Termin: herzlichen Glückwunsch! Müsst ihr aber warten und warten und warten, dann willkommen im Klub. Die Untersuchungen werden immer häufiger, der Platz wird immer weniger und der Druck und Stress im Kopf wird mit jeder Minute größer. »Bis zum soundsovielten hat es noch Zeit, danach müssen wir einleiten«, höre ich von der Ärztin. »Ja, ist es immer noch nicht so weit?«, fragt die Bekannte. »Es ist noch keines dringeblieben«, der kluge Kommentar eines Freundes. Da ist es so wohltuend, eine Hebamme zu haben, die gelassen und entspannt an die ganze Sache herangeht: »Das Baby kommt, wenn es bereit ist.«

Für mich war es wichtig zu wissen, dass der »Geburtstermin« durch eine mathematische Formel errechnet wird und nicht das exakte Datum voraussagt. Termingerecht ist zwei Wochen vor und zwei Wochen nach dem Termin. Das »nach« war besonders wichtig für uns, da alle unsere

Mädels nach dem errechneten Termin auf die Welt kamen. Eine sogar mehr als zwei Wochen, und das kerngesund und mit klarem Fruchtwasser. Das zeigte mir, dass der Geburtstermin eben nur ein Anhaltspunkt ist.

Tipps für das Warten auf die Geburt

- Nicht den genauen Geburtstermin weitersagen. Die ganze Nachfragerei nervte mich ziemlich und steigerte die Nervosität noch.
- Allgemein bekannte Supertipps bringen oft nicht den gewünschten Erfolg: wilder Sex, lange Spaziergänge, bestimmte Lebensmittel und noch viele mehr. Ihr werdet bestimmt sehr versucht sein, sie auszuprobieren, aber lasst es lieber und gebt eurem Baby seine Zeit.
- Beten geht immer. Bringt Frieden und Ruhe. Jesus hat alles in der Hand, vor allem auch mein Baby. Er ruft es aus dem Mutterschoß.
- Die Hebamme: Sie ist erfahren, gelassen und entspannt. Eine frühzeitige Suche nach ihr lohnt sich extrem.
- Versuchen, das Beste aus der »ganz dicken Zeit« zu machen. Schöne Fotos, entspannen, viel schlafen, umsorgen lassen und alles, was euch sonst noch Freude bringt, genießen.

Ihr werdet es schaffen, das Beste aus dieser wunderbaren Zeit zu machen, und euch gemeinsam auf diese neue Welt vorbereiten, die schon ganz bald vor euch liegt. Haltet durch, liebe Hochschwangere, die längste Zeit habt ihr hinter euch! Reife Leistung!

Wie möchtet ihr euch als Papa und Mama auf euer Baby vorbereiten?

3. Ausnahmezustand – Geburt erleben und verarbeiten

Die Geburt. Schon alleine das Wort löst bei euch vielleicht Angst und Schmerzen aus oder aber einfach tausend Fragezeichen und Bilder davon, wie das in irgendwelchen Filmen aussieht. Die Worte unserer ersten Hebamme zum Erlebnis der Geburt haben Andi und mich tief geprägt. Jede Geburt ist einzigartig. Ein Erlebnis, dass wir niemals mehr vergessen werden. Eine aufregende und wundervolle Erfahrung. Zuerst ist da nur ein dicker Bauch und dann ist da plötzlich ein kleiner Mensch, lebendig und zum Anfassen. Dieses Kind ist Teil von mir selbst und dem Menschen, den ich über alles liebe, und gleichzeitig ist es von Gott selbst gemacht. Herangewachsen im Innersten seiner Mutter und dort auf wundersame Weise versorgt mit allem, was es braucht. Geformt und gebildet, ohne dass je ein Mensch es berühren konnte. Innerlich und äußerlich ausgestattet, bis es fähig ist, auf dieser Welt zu leben. Und dann in diesen Stunden der Geburt macht es sich auf den Weg nach unten, durch unwegsames Gelände auf ein Ziel zu, dass es noch nie zuvor gesehen hat. Der einzige alte Vertraute ist seine Mama und ein kleines bisschen der Papa. Dann nach längerem oder kürzerem Endspurt – ganz plötzlich ist es angekommen. Sichtbar und greifbar. Für das Baby grell und laut und kalt. Für die Eltern unglaublich und atemberaubend. Momente, die man nie mehr vergisst und die für immer ganz besonders bleiben werden.

Aber was ist mit den Schmerzen? Ich selbst war damals tatsächlich froh, dass ich überhaupt Wehen bekommen konnte, und sah diese als Geschenk an. Wir Frauen sind dafür geschaffen, dass wir Babys auf die Welt bringen. So ist der Plan. Wir sind so designt, dass wir die Schmerzen aushalten können, die es braucht, damit das Baby sich seinen Weg in diese Welt bahnen kann. Jede Wehe bringt mich meinem Kind ein Stück näher. Eine Geburt ist vergleichbar mit einer Bergbesteigung. Kurz vor dem Ziel ist man richtig aus der Puste und denkt, man schafft es nicht mehr, aber dann ist man dem Gipfel schon sehr nahe … Die Belohnung für den Aufstieg ist sensationell und kann mit Worten nicht beschrieben werden. Für diesen Schatz lohnt sich all die Anstrengung (auch wenn man das manchmal erst nach ein paar Tagen oder Wochen mit Überzeugung so sagen kann).

> Eine Geburt ist vergleichbar mit einer Bergbesteigung. Kurz vor dem Ziel ist man richtig aus der Puste und denkt, man schafft es nicht mehr, aber dann ist man dem Gipfel schon sehr nahe.

So viel erst mal zu der Einleitung. Über dieses Thema zu schreiben, fällt mir richtig schwer, denn wahrscheinlich gibt es bei einer Geburt wohl nichts, was es nicht geben kann. Jeder erlebt sie so unterschiedlich, denn wir sind alle so unterschiedliche Menschen mit unterschiedlichen Wahrnehmungen und unterschiedlichen Dingen, die uns anvertraut wurden. Keine Geburt gleicht der anderen. Jedes Kind ist einzigartig, jede Mama einzigartig, jeden Moment erlebt man nur ein einziges Mal. Deswegen ist es mir wichtig zu sagen, dass ich immer nur von mir selbst erzählen kann oder von dem, was die Menschen um mich herum mir erzählt haben. Niemals kann das, was ich hier schreibe, all die komplexen Situationen und Erlebnisse rund um eine Geburt erfassen. Niemand soll vergessen werden, niemand ausgeschlossen oder verletzt, geschweige denn beschämt oder sonst was werden. Das wird wohl leider nicht hundertprozentig möglich sein und trotzdem wäre es mein Herzenswunsch. Wir Mamas brauchen uns gegenseitig, um uns anzufeuern und zu unterstützen, nicht um uns gegenseitig zu vergleichen und fertigzumachen. Unsere Sicht ist immer subjektiv und beschränkt. Oft würde es uns guttun, mal einige Momente in den Schuhen der anderen zu gehen, um überhaupt eine Ahnung zu bekommen, was wirklich abgeht.

So lief es bei uns

Unsere erste Tochter wurde im Krankenhaus geboren und die folgenden drei Kinder bei uns zu Hause entbunden. Aha, die Hausgeburtler, eine ganz eigene Spezies, mag manch einer denken. Ist wohl auch so, weil diese Art der Entbindung nicht gerade die am meisten verbreitete ist. Die erste Geburt dauerte relativ lange, und ich war am Ende einfach total froh, als mein Baby endlich mithilfe von Dammschnitt und Saugglocke rauskam und ich mich nicht mehr anstrengen musste. Viele meiner Gedanken nach dieser ersten Geburt drehten sich darum: »Nie wieder!« Ungefähr nach zwei Tagen wurde die Erinnerung immer blasser und blasser … Dann nach einigen Monaten war der Wunsch nach einem weiteren Kind und der lebende Beweis da: Das schaffen wir! Unsere zweite Tochter musste sich an ihrem Tag der Geburt von morgens bis abends durch die Wehen kämpfen und hatte es dann am Schluss ziemlich eilig: Sie kam nach ungefähr vier Presswehen bei uns im Badezimmer vor dem Spiegel zur Welt. Ich wollte die Hebamme nicht zu früh anrufen, deshalb waren wir nur zu zweit, und Andi fing Kayla ganz alleine auf! Die Hebamme war am Telefon live dabei und kam dann kurze Zeit später dazu. Dieses Erlebnis war so überwältigend und schön, dass wir uns danach eine Geburt fast gar nicht mehr anders als zu Hause vorstellen konnten. Tochter Nummer drei wurde gemeinsam mit der Hebamme und dank ihrer Einfühlsamkeit, Professionalität und einigen Entspannungstaktiken im Stehen über der Badewanne geboren. Das war superpraktisch, da wir nach getaner Arbeit alle Flüssigkeiten, die zu einer Geburt gehören, mit dem Badewasser ablassen konnten. So machten wir das dann auch mit Tochter Nummer vier. Ihre Geburt dauerte insgesamt nur wenige Stunden und schließlich landete sie dann auch über der Badewanne in Andis und meinen Händen. Wir waren so unendlich dankbar und glücklich.

Näher möchte ich auf »unsere« Geburten gar nicht eingehen, denn jeder, der schon einmal eine Geburt erlebt hat, hat eine ganz eigene Geschichte zu erzählen. Viele davon sind fast schon filmreif, superspannend und absolut einmalig. Man wird die Geburten seiner Kinder niemals mehr vergessen und egal, ob man sie negativ oder positiv erlebt hat, sie werden immer ein Teil des eigenen Lebens sein. In der Rückschau ist der Ausnahmezustand Geburt ein Abenteuer ohnegleichen. Eine Reise, auf die man sich mutig begibt, ohne genau zu wissen, was einem auf dem Weg begegnen wird. Eine Reise mit dem Blick fest auf das wunderbare Ziel geheftet, das einen am Ende erwarten wird.

Wir sind wirklich sehr beschenkt worden mit den Erlebnissen, die wir bei jeder einzelnen Geburt haben durften. Unsere Kinder lieben es, wenn wir ihnen (kindgerecht) die Geschichten erzählen und sie ihre ganz eigene Reise auf diese Welt hören dürfen. Im Nachhinein merke ich immer mehr, dass das, was wir erleben durften, keine Selbstverständlichkeit ist. Deshalb möchte ich hier ganz besonders den Hebammen danken, die uns so exzellent betreut haben, und nicht zuletzt Jesus alle Ehre geben, weil er jedes Leben schenkt und hervorbringt.

Was ist eine gute Geburt?

Ich glaube, dass jeder sich eine »gute« Geburt wünscht. Da liegt dann natürlich die Frage nahe, was denn eine »gute« Geburt ist? Oder noch tiefer gefragt muss man sich überlegen, wo wir überhaupt Bilder in unserem Kopf herhaben, die uns einfallen, wenn wir an »Geburt« denken. Meistens kommen diese Bilder aus Filmen: Eine Frau kriegt Wehen, was man daran merkt, dass sie plötzlich stöhnt und sich krümmt, sie geht schnell ins Krankenhaus, wird dort aufs Bett gelegt, keucht und stöhnt noch ein bisschen mehr, schreit…und dann kommt im Krankenhausbett in der Liegeposition und mit dem Arzt in grüner Krankenhauskleidung das Baby auf die Welt und wird der Mutter und dem stolzen Vater in die Arme gelegt. Meist ohne Käseschmiere oder Blutschlieren. Was in diesen Filmen und somit in unseren Köpfen meist nicht vorkommt, sind folgende Bilder: dass verschiedenste Flüssigkeiten den Körper der Schwangeren verlassen, wie die Frau sich am Seil festhält, um Wehen zu veratmen, Eltern mit Geburtsplan, dass Mama ihre eigene Musik mit ins Krankenhaus bringt, dass sie locker mal 24 Stunden in den Wehen liegen kann, dass viele Gebärende während der Geburt nur in den Wehenpausen im Bett liegen, sonst aber überhaupt nicht. Außerdem denkt man bei der Vorstellung einer Geburt nicht automatisch an einen Vierfüßlerstand, an eine Geburt des Kindes im Stehen, mit Saugglocke, an eine Geburt ohne einen Arzt und noch sehr vieles mehr. Wir haben durch die Medien ein ganz bestimmtes, vielleicht auch gewolltes Bild von Geburt in unseren Köpfen.

Ich habe mir sagen lassen, dass es in verschiedenen Ländern und Kulturen ganz unterschiedliche Denkweisen zu dem Thema gibt, was denn eine »gute« Geburt ist. Da gibt es wahrscheinlich vor allem in fernöstlichen Ländern Menschen, für die eine gute Geburt eine ist, bei der die Frau so wenig wie möglich »enthüllt« wird. Und dann sind da Leute, die eine Geburt für »gut« befinden, wenn sie so unkompliziert und planbar wie möglich vonstattengeht. Manche Leute leben in Ländern, in denen sich diese Frage aufgrund der mangelnden medizinischen Versorgung und Armut überhaupt nicht stellt. Diese sind wahrscheinlich einfach froh, wenn das Kind und die Mutter nach der Geburt noch leben. In unseren westlichen Ländern gibt es dagegen Extrempole. Kaiserschnitt vs. Geburt im Freien. (Das ist übertrieben, ich weiß nicht mal, ob es das gibt.) Da gibt es Menschen, für die ist eine gute Geburt eine, die mit so wenig Schmerz wie möglich verbunden ist. Manche Frauen finden eine Geburt gut, wenn dabei so wenig »Schaden« wie möglich an ihrem Körper entsteht. Und dann die anderen, zu denen ich mich zähle, die eine Geburt als »gut« bezeichnen, wenn sie mit so wenig wie möglich »Außeneingriffen« ablaufen darf.

Beim Thema Geburt spielen so viele verschiedene Faktoren eine Rolle, die erst auf den zweiten Blick offensichtlich werden. Wie so oft geht es auch viel ums Geld. Ärzte, Krankenhäuser, Gesundheitssystem, Wirtschaft und Politik haben alle ihre eigenen Interessen. Jeder muss Gewinn erwirtschaften, Risiken abwägen und steht unter Erfolgsdruck. Das gilt auch beim Thema Geburt. Ich bin kein Experte, aber ich habe stark das Gefühl, dass die Richtung von allen den vorher genannten Beteiligten dahin geht, eine Geburt so planbar, kosteneffizient und risikoarm zu gestalten wie möglich. Hierfür ist der geplante Kaiserschnitt eine sehr gute Möglichkeit. Ich verstehe das Denken, das hier das Gesundheitswesen bewegt. Da gibt es Geburtsverläufe, die völlig unvorhersehbar sind und eine Ewigkeit dauern. Die Kreißsäle stehen aber nur begrenzt zur Verfügung und man kann die Belegung nicht planen. Wenn bei einer Geburt etwas nicht so läuft, wie die Eltern erwartet haben, verklagen sie die Ärzte. Gibt es da also einen Weg, der das alles vermeiden kann: her damit!

Was aber in all diesen Überlegungen wirklich tragisch ist, ist die Frage nach dem Kind. Wer denkt an das Ungeborene? Wer überlegt sich, was für das Baby eine »gute« Geburt ist? Wem gelingt es, von sich selbst, vom Profit, von der Bequemlichkeit, von den Unannehmlichkeiten, von den persönlichen Vorlieben oder von seinen Wunschvorstellungen wegzuschauen? Wer erlaubt sich, hinzuschauen auf diesen kleinen Menschen, der sich auf den Weg macht, um in dieser Welt anzukommen? Wem ist bewusst, dass genau dieses der Sinn und Grund einer Geburt ist? Ganz unabhängig von allem anderen. Das Baby wünscht sich, dass es in Ruhe und ohne Druck ankommen darf. Dass es diese Welt in seinem Tempo kennenlernt und erobert. Es wünscht sich von ganzem Herzen, dass es seiner Mama gut geht, dass sie entspannt ist und alles hat, was ihr Sicherheit gibt.

Ich wünsche mir, dass wir uns informieren. Dass wir uns Gedanken machen. Dass wir uns erlauben, nachzufragen und zu hinterfragen. Dass wir auch mal unbequem werden, wenn wir merken, hier ist etwas komisch, hier wird mir etwas übergestülpt. Wir sind so gesegnet, in diesem reichen Land mit unendlich vielen Möglichkeiten zu leben. Es lohnt sich, Bescheid zu wissen. Geburt kann ganz, ganz unterschiedlich ablaufen. Wir sind in der Verantwortung, über unser Leben und das unserer Kinder zu entscheiden. Dazu müssen wir die Initiative ergreifen, aktiv werden und uns schlau machen. In Deutschland gibt es viele verschiedene Arten von Krankenhäusern und Kliniken, die spezielle Angebote für Geburten haben, Hebammen mit ganz vielen Zusatzangeboten oder Geburtshäuser. Bilden wir uns unsere eigene Meinung, es lohnt sich!

Welche Gedanken oder Bilder im Kopf hast du über das Thema »Geburt«? Was wäre für dich eine schöne Geburt? Was bist du bereit, dafür zu tun? Wo oder von wem könntest du dir weiterführende und hilfreiche Informationen und Unterstützung beschaffen?

Geburt gut vorbereiten

Man kann eine Geburt nicht berechnen. Was man jedoch tun kann, ist, sich gut auf die Geburt vorzubereiten, währenddessen einige Tipps zu beachten und danach vor allem Gnade und Barmherzigkeit walten zu lassen. Bevor es mit der Geburt losgeht, können Mama und Papa einiges tun:

- Im Kapitel über die Schwangerschaft stehen schon die meisten wichtigen Vorbereitungen.
- Im Vorfeld eine gute Hebamme suchen und finden ist das A und O.
- Der Geburtsvorbereitungskurs sollte so umfassend wie möglich sein.

- Die Vorsorgeuntersuchungen wahrnehmen. Diese müssen nicht unbedingt bei einem Arzt durchgeführt werden, sondern können auch von der Hebamme gemacht werden.
- Körperlich einigermaßen fit sein, da eine Geburt für den Körper anstrengend ist und es deshalb von Vorteil ist, über eine gewisse Grundfitness zu verfügen.
- Beckenkreisen üben, z. B. auf dem Medizinball, oder auch Wehenveratmung üben bzw. das sogenannte »Tönen« üben (das kann ich hier schlecht erklären, bitte daher eure Hebamme fragen).
- Sich gedanklich auf die Geburt vorbereiten. Das ist sehr wertvoll und entscheidend. Leitsätze im Kopf haben: »Ich werde das schaffen«, »Jede Wehe bringt mich meinem Kind näher.« Jede Wehe willkommen heißen und wieder verabschieden: »Diese habe ich geschafft. Wir werden das gemeinsam schaffen und unser Baby auf die Welt bringen. Wir sind gut vorbereitet und Jesus ist mit uns. Wir schaffen jetzt ein Erlebnis, an das wir uns für immer erinnern werden.«
- Bei einer Geburt im Krankenhaus: Geburtsplan erstellen und sich bereit machen, gemeinsam dafür zu kämpfen.
- Bei alternativer Geburt: Geburtswünsche überlegen und planen.

Nicht alles liegt in unserer Hand

So wunderbar und gründlich man sich auch auf die Geburt vorbereitet, es gibt trotzdem Dinge, die wir als Menschen (und selbst wir als Eltern!) nicht in unserer Hand haben. Das ist auch gut so.

Da ist zum Beispiel die körperliche Beschaffenheit, mit der wir ausgestattet wurden. Knochen, Sehnen, Bänder, Gewebe, Haut und was es sonst noch alles gibt. Jeder Mensch ist einzigartig in allen Kleinigkeiten. Diese unterschiedlichen Veranlagungen oder Ausstattungen vereinfachen oder erschweren manche Umstände im Geburtsverlauf. Manche Dinge tauchen vielleicht erst unter der Geburt auf und wir können sie im Vorfeld gar nicht einplanen oder beeinflussen.

Und dann gibt es noch die ganz unromantischen organisatorischen Dinge, die es zu berücksichtigen gilt, wie z. B. die Dienstzeiten der Ärzte und Hebammen im Krankenhaus. Wir haben nicht in der Hand, wer im Dienst ist, wenn es mit den Wehen losgeht, und wie oft die Hebamme und der Arzt während der Geburt gewechselt werden müssen. Ob es Tag oder Nacht ist, wenn man in der Klinik ankommt, und wie gerade dann die Belegung von Schwangeren und Professionellen im Kreißsaal ist.

Wahrscheinlich gibt es noch mehr Dinge, auf die wir uns nicht wirklich vorbereiten können und die einen Einfluss auf die Geburt haben. Worauf wir aber immer zurückgreifen können, ist der heiße Draht nach ganz oben. Gott hält alle diese Dinge in seiner Hand. Er hat alles unter Kontrolle. Wir dürfen vertrauen und können immer beten. Er tut Wunder und kann auch Dinge verändern, die wir menschlich nicht für möglich halten. Geben wir alles in seine Hände ab, da ist es am besten Platz.

Was tun im Gefecht

Wenn es dann ans Eingemachte geht und deutlich bemerkbar ist, dass nun ein Baby endlich aus dem Bauch rausmöchte, ist die absolute Ausnahmesituation da! Herzlich willkommen im Gefecht! Ihr werdet es schaffen! Das Baby wird rauskommen. Und es dauert bestimmt gar nicht mehr so lange.

Nach meiner vierten Geburt hatte ich ein Aha-Erlebnis. Hat bei mir wohl etwas länger gedauert, aber dafür könnt ihr jetzt schon davon profitieren! Ich dachte bei den ersten Malen immer, dass es am besten sei, während der Wehen so gut es geht in Bewegung zu bleiben, damit das Baby schneller kommt, so meine These. Ich hatte Angst, dass die Wehen aufhören würden und das Baby still an seinem Platz liegen bleiben würde, wenn ich mich ausruhte und hinlegte, und erlaubte es mir daher immer nur ganz kurz. Im Rückblick denke ich, dass die Geburten vielleicht gerade deshalb relativ lange gedauert haben, weil ich mir und dem Baby nicht wirklich erlaubt habe, auch mal kurz auszuruhen und neue Kraft für die nächste Wehe und den restlichen Weg zu sammeln.

Bei meinem vierten Baby war ich am Ende der Schwangerschaft immer sehr müde, sodass ich darauf achten musste, mich ein wenig zu schonen. Wie durch ein Wunder klappte es, dass die anderen drei Mädels eine halbe Stunde Mittagspause machten und ich jeden Tag ein Mittagsschläfchen machen konnte. Außerdem übernahm Andi während der letzten Wochen vor dem Geburtstermin alle Nachtschichten, sodass ich mich auch in der Nacht super ausruhen konnte. Dadurch hatte ich das Gefühl, wirklich voller Kraft und ausgeruht auf die Geburt zugehen zu können. Als dann aber die Wehen anfingen, sagte ich schon nach einer Stunde, dass es mir jetzt reichte und ich keine Lust mehr hätte. Andi sah mich bei dieser Aussage etwas erstaunt an, da er es von den anderen Geburten kannte, diesen Zustand bis zu zehn Stunden und länger mitzuerleben. Die Wehen veratmete ich noch im Stehen und mit Beckenkreisen und Tönen, aber in den Wehenpausen legte ich mich sofort in die warme Badewanne und genoss die Entspannung, bis ich mich wieder zur nächsten Wehe hochhievte. Ich hatte keine Angst mehr, dass das Baby vielleicht einschlafen würde oder doch lieber drinbleiben wollte. Ich wollte mich einfach nur so gut es ging ausruhen. Und das Faszinierende für mich war, dass ich merkte, wie sich diese Taktik auszahlte. Es dauerte nicht lange, bis die Fruchtblase platzte und Tiana auch gleich rausgepresst werden wollte. Aber ich fühlte mich topfit und hatte viel mehr Kraft als bei den anderen Mädels am Schluss. Daraus schloss ich, dass die Pausen und das Entspannen der Mama auch für das Baby total wichtig sind, um neue Kraft zu sammeln und sich Schritt für Schritt nach draußen zu kämpfen. Der Mastertipp aus meiner Erfahrung lautet also: bewegen und entspannen im Wechsel, das bringt es! Bestimmt wissen einige das schon längst, aber für die anderen kann es hilfreich sein. Da wir alle sehr verschieden sind, entspannen wir uns auch unterschiedlich. Und in einem Ausnahmezustand ist sowieso alles anders. Deshalb lohnt es sich, euch Gedanken darüber zu machen und herauszufinden, was euch entspannt. Schon vorher mal zu überlegen und so weit es geht auszuprobieren. Und dann auch unter der Geburt verschiedenste Möglichkeiten ausprobieren, die sich einem bieten: in die Badewanne legen, auf dem Bett liegen, kurz einschlafen, an verschiedenen Stellen eine Massage bekommen. Weitere Entspannungsmethoden werdet ihr auch immer von eurer Hebamme erlernen.

Während der Geburt ist es am besten, Bewegung und Entspannung im Wechsel einzusetzen.

Wenn es mit den Wehen losgeht, werden immer wieder bestimmte Dinge bei der Mama und dem Kind überprüft. Bei der werdenden Mama wird immer wieder geschaut, wie weit der Muttermund schon offen ist, um zu sehen, wie weit die Geburt schon fortgeschritten ist. Es kann sehr ermüdend und demotivierend sein, wenn man nach einigen Stunden Wehen den Muttermund erneut misst und er sich gar nicht oder nur wenig verändert hat. Andererseits kann es dann plötzlich auch ganz schnell gehen. Beim ersten Kind habe ich Stunde um Stunde nur immer wieder gebetet, dass sich der Muttermund öffnet. Und das ist vielleicht auch das Beste, was man tun kann: Sich nicht panisch auf die gemessenen Werte und Zahlen zu fixieren, sondern entspannt zu bleiben, die Wehen zu veratmen und zu beten. Die Panik und die Sorgen und das Aufregen bringen den Muttermund auf jeden Fall nicht dazu, sich schneller zu öffnen.

Dieses Vorgehen gilt auch für die anderen Messungen während der Geburt: Blutdruck oder Puls der Mutter, Wehentätigkeit, Herztöne beim Baby. Diese ganzen Zahlen und Werte haben so viel Potenzial, Angst und Schrecken auszulösen. Ich habe das Gefühl, dass sie manches Mal bestimmt auch dazu verwendet werden, die Mutter gezielt in eine Richtung zu drängen. Oft aber sind diese Werte ein riesengroßer Segen, um Situationen einzuschätzen und passende Maßnahmen zu ergreifen. Wichtig ist, dass man sich als Mama keine Panik machen lässt. Grundsätzlich besteht auch immer die Möglichkeit, dass Werte sich nach einigen Minuten wieder verändern oder Messinstrumente ein wenig verrutscht und somit Werte nicht exakt sind.

Auch hier gilt es: Ruhe bewahren. Ist natürlich leichter gesagt als getan. Ich habe oft mit meinem Kind im Bauch gesprochen, meist leise. Habe ihm und auch gleichzeitig mir gesagt, dass Jesus da ist und alles in seiner Hand hält. Dass wir uns sehr auf das Baby freuen und alles bereit ist. Als ich mit unserer dritten Tochter Carlotta schon einige Stunden in den Wehen stand und lief, war mein Puls total hoch und der von meinem Baby genauso. Unsere Hebamme fragte: »Was ist eigentlich los, Sarah?« Ich weinte gleich los, weil ich mich genau das Gleiche fragte. Sie meinte, dass meine Wehen so stark wären, dass es weitergehen könne, aber dass ich total angespannt sei. Damit hatte sie recht, und wir fanden gemeinsam heraus, dass ich einfach riesige Angst hatte, dass etwas bei der Geburt passieren würde. Sie fragte mich, ob wir ins Krankenhaus gehen sollten und ob dann die Angst weniger wäre. Ich verneinte das, weil mir klar war, dass auch im Krankenhaus etwas passieren konnte. Daraufhin empfahl sie mir eine schöne warme Badewanne zum Entspannen und Loslassen. Das nahm ich an und schickte dann nicht gerade freundlich Hebamme und Mann aus dem Badezimmer. Vorher sollten sie noch das Licht ausmachen. Dann redete ich laut mit meinem Baby. Und auch gleichzeitig mit Jesus. Und mit mir selbst, weil ich die Worte ja auch hörte. Ich sagte ihnen alles, was mir Angst machte, und erinnerte sie dann aber daran, was unser Papa im Himmel uns verspricht: dass er das Baby schon kennt und aus dem Mutterschoß ziehen wird, dass es in seiner Hand ist, dass er genau jetzt hier ist und dass ich keine Angst haben muss. Ich sprach meinem Baby und mir Mut und Gelassenheit zu, dass wir es schaffen würden und dass wir uns in Gottes Hand fallen lassen dürfen. Ich sagte Gott laut, dass ich alles loslasse und ihm gebe: mein Baby, mich und die Geburt. Dann tauchte ich kurz unter Wasser und merkte, wie sich mein ganzer Körper entspannte und ich ruhig wurde. Ich konnte alles loslassen und innerhalb der nächsten Stunde war unsere Tochter auf der Welt. (Mann und Hebamme durften vorher auch wieder ins Badezimmer kommen.) Ich bin so froh, dass ich eine so tolle und einfühlsame Hebamme hatte, die mir keine Panik wegen der schnellen Herztöne und dem Puls gemacht hat, sondern sich traute, nach der Ursache zu forschen. Als wir gemeinsam überlegten und ich meine Ängste und Sorgen an- und aussprechen durfte, war mir schon sehr viel geholfen. Und wir als Kinder Gottes haben die unglaubliche Möglichkeit, jederzeit Frieden von unserem Papa zu bekommen, egal, in welchen Umständen. Sogar in anderen Umständen. Wie genial!

Ein Wort über die Männer

Ich gehe stark davon aus, dass auch jeder Mann ganz verschieden ist und mit Ausnahmesituationen unterschiedlich umgeht. Mein Mann ist wirklich von einer ganz besonderen Sorte und ist sehr stolz auf seinen von anderen Männern etwas spöttisch betitelten »Nebenjob als Hebamme«. Er war mir wirklich immer eine große Unterstützung bei allen Geburten, und ohne ihn hätte ich mich nie getraut, so etwas wie eine Hausgeburt überhaupt in Erwägung zu ziehen. Dadurch, dass er im Vorbereitungskurs schon ganz praktisch üben konnte, wie man das Steißbein richtig massiert, wie man fest stehen kann, auch wenn eine Gebärende sich kreisend an einen hängt, und wir herausgefunden hatten, welche Geburtspositionen sich für uns am angenehmsten anfühlten, war er wirklich meine beste Hilfe und (Laien-)Hebamme in einem. Er feuerte mich immer wieder an und sagte mir, wie toll ich das alles machen würde. Ich verarbeitete fast alle Wehen, indem ich mich an seinem Nacken festhielt und wir gemeinsam kreisten und tönten.

Nach der ersten Geburt hatte Andi ziemliche Schmerzen im Nacken und richtige blaue Flecken und Quetschmale. Das interpretierten wir als super Zeichen: Er war voll involviert, konnte etwas tun und sogar einen Teil der Schmerzen nachvollziehen. Da sich die erste Geburt ziemlich hinzog, fiel mir irgendwann auf, dass Andi immer sehnsuchtsvoll aus dem Fenster in die untergehende Sonne schaute. Seine Fußballmannschaft hatte an diesem Tag ein Spiel, bei dem er normalerweise auch dabei gewesen wäre. Ich wusste, dass er daran dachte, was seine Jungs gerade so machten, und dass wir hier schon seit Stunden rumsaßen und nichts so richtig ging. Er war jedoch so klug, nichts dergleichen zu sagen, weil mich das tierisch aufgeregt hätte. Gott sei Dank ging es bald danach richtig los und es blieb keine Zeit und Kraft mehr für solche Nebensächlichkeiten. Also, Männer, seid bitte mit Augen und Ohren und auch sonst allem voll da, wir Frauen spüren sofort, wenn dem nicht so ist! (Das soll aber keine Drohung sein.)

Ein Wort von meinem Mann

Die beste Vorbereitung auf die Geburt ist der Paarkurs. Dort lernt man Dinge, die man nicht für nötig und möglich hält, die aber Realität werden und mit denen man dann besser umgehen kann. Jeder denkt zum Beispiel, dass die Frau ihren Mann bei der Geburt braucht, aber in verschiedenen Phasen will sie ihn gar nicht bei sich haben. Wenn man im Kurs schon darüber gesprochen hat, ist man froh zu wissen, dass das normal ist und nicht an einem selbst liegt. Und zu wissen, dass es fünf Minuten später schon wieder ganz anders aussehen kann. Es ist gut, sich nicht von Erzählungen anderer verrückt machen zu lassen, wie lange oder kurz eine Geburt gedauert hat. Jede Geburt ist individuell und dauert so lange, wie sie eben dauert. Ich dachte bei der Geburt meiner dritten Tochter, dass diese genauso schnell das Licht der Welt erblicken würde wie die zweite, es war jedoch nicht so. Deswegen würde ich empfehlen, keine Geburt mit der anderen zu vergleichen und möglichst keine Erwartungen zu haben. Werdet nicht müde, eure Frau zu fragen: »Soll ich das machen?« – »Nein.«, »Soll ich das machen?« – «Nein.«, »Soll ich das machen?« – «Nein.« Versucht, nicht müde oder eingeschnappt zu werden, wenn sie immer wieder Nein sagt. Ihr werdet das schaffen.

Und dann liegt es irgendwann in eurem Arm: euer Kind. Euer eigen Fleisch und Blut. Gebein von eurem Gebein. Und gleichzeitig ein Abbild Gottes. Gott selbst hat etwas von sich in dieses winzige Wesen hineingelegt. Es ist erst nicht zu fassen. Absoluter Ausnahmezustand. Noch nie zuvor gekannte Gefühle kommen zum Vorschein. Bei manchen sofort, bei anderen erst später. Mein Andi weinte, als er seine Tochter zum ersten Mal sah, ich freute mich sehr, aber noch mehr war ich einfach total froh, dass ich jetzt ausruhen konnte.

Es gehört auch zum Ausnahmezustand, dass sich die Situation mit dem neugeborenen Baby gar nicht so darstellt, wie man sie sich aus dem Happy End erträumt. Enttäuschung über den Geburtsverlauf, emotionale und körperliche oder besondere Bedürfnisse des Babys lassen die Gefühle und Hormone Achterbahn fahren.

Das Geburtserlebnis verarbeiten

Sobald die Geburt überstanden ist, fängt schon die Verarbeitung dieses einzigartigen Erlebnisses an. Jeder Mensch ist anders, sowohl körperlich als auch seelisch, und erlebt daher Schmerz, Wehen und die Geburt insgesamt ganz unterschiedlich. Manche kommen mit Dingen, die nicht so gelaufen sind wie geplant, gut zurecht, für andere ist es schwer, damit umzugehen.

Bei manchen Frauen kommen Vorwürfe und Abwertungen hoch, die sich ungefähr so anhören können: »Jetzt habe ich es nicht mal geschafft, mein Kind ›normal‹ zur Welt zu bringen. Ich bin schuld, dass es so gekommen ist. Hätte ich doch besser das und das anders gemacht. Ich habe versagt. Ich habe gar nicht richtig mitgemacht und nicht mithelfen können.« Manchmal sieht man dann auch gleich Zusammenhänge zwischen den Schwierigkeiten bei der Geburt und z. B. längeren Schreiattacken des Babys.

Nach diesen Gedanken folgt meist das Vergleichen mit anderen Mamas und Babys um einen herum: »Die Mama XY hatte es ja bei der Geburt viel leichter/schwerer/komplizierter/unkomplizierter/besser/schlechter als ich.« Lasst euch aber gesagt sein, dass alles Vergleichen den Segensstrom tötet, den Gott mir geben will. Vergleichen raubt mir meine Freude und Dankbarkeit und macht die Liebe zum anderen kaputt. Vergleichen lügt mir vor, wie viel ich wert bin. Wenn ich im Vergleich zu jemand anderem gut abschneide, werde ich stolz auf mich, schneide ich jedoch schlechter ab als andere, werde ich neidisch auf sie und verfalle in Selbstmitleid. Beide Gefühle drehen sich nur um mich selbst und das, was ich aus meiner Kraft erreicht habe. Und da sind wir wieder bei dem Punkt, dass wir bei der Geburt eben nicht alles in unserer Hand haben. (Wie bei allen anderen Situationen in unserem Leben auch nicht.) Wir Mamas brauchen uns gegenseitig. Wir brauchen kein Vergleichen, sondern Gnade miteinander. Wenn wir tolle Sachen erleben, dürfen wir dankbar und demütig sein, weil wir wissen, dass sie ein Geschenk sind. Wir sind deshalb nicht besser oder toller. Wenn wir Sachen erleben, die uns total aus der Bahn werfen und uns fertigmachen, haben wir Gnade mit denen, denen es grad nicht so geht. Seien wir ehrlich und lassen die anderen teilhaben, damit sie besser verstehen und Beziehung entsteht. Gerade wenn etwas bei der Geburt nicht so verlaufen ist, wie wir es uns gewünscht haben, ist es wichtig und heilsam, andere Mamas zu finden, die Ähnliches erlebt haben. Dafür braucht es unsere Offenheit und Ehrlichkeit. Wenn wir uns mit unserer Enttäuschung auseinandersetzen und Gott an unserer Seite haben, können wir uns mit unserer Geschichte versöhnen, ganz nach dem Motto: »Es gibt ein erfülltes Leben – trotz einer unerfüllten Geburt.«

Was ich als praktischen Schritt ganz toll finde, ist, wenn man eine Mutter nach der Geburt ehrt und segnet oder für sie betet. Egal, wie die Situation war, kann man die Leistung der Mutter wertschätzen. »Auch wenn es nicht so gelaufen ist, wie du es dir gewünscht hättest, hast du doch dein Bestes probiert und gegeben und bist damit die wahre Siegerin. Jesus ist da und wird euch alles zum Besten dienen lassen.« Man kann außerdem für eine sehr gute körperliche und seelische Regeneration nach der Geburt beten. Genauso kann man das Baby nach der Geburt willkommen heißen und es segnen oder für es beten. »Wir freuen uns so, dass du da bist. Diese Welt braucht dich. Gott hat einen ganz besonderen Platz und Plan hier für dich.« Man kann für ein schnelles Einleben in dieser Welt beten und dafür, dass alle Geburtserlebnisse, die nicht schön für das Baby und für die Mutter waren, geheilt werden und beide von Frieden und Geborgenheit durchströmt werden.

Wie hast du die Geburt deiner Kinder erlebt? Wie könntest du Frieden darüber bekommen, dass manches nicht so lief, wie du es dir vorgestellt hast?

Zum Abschluss dieses Kapitels möchte ich einfach noch mal zusammenfassen, dass Vorbereitung und Wissen die halbe Miete für die Geburt sind. Die andere Hälfte ist das Wissen, dass alles andere ein Geschenk ist und nicht in unserer Hand liegt. Wir dürfen es in Gottes Hand abgeben und voller Vorfreude und guter Hoffnung sein. Er ist ein guter Gott. Er ist souverän und weiß Dinge, die wir nicht wissen. Er macht keine Fehler. Darauf dürfen wir uns stellen und gnädig und barmherzig mit unseren eigenen und anderen Geburtserlebnissen umgehen. Allen Mamas, die schon eine Geburt hinter sich haben, möchte ich sagen: Wow! Respekt! Das, was ihr geleistet habt, körperlich und emotional, ist eine ganz große Leistung!

4. Eine neue Welt – Die ersten Monate mit Kind

»Es ist ja schon voll schön, aber einfach so ganz ANDERS! Warum hat mir das nie jemand gesagt?« Viele frischgebackene Mamas können diesen Satz voll unterstreichen und bei den meisten ist die erste Zeit nach der Geburt sehr emotional und mit vielen Tränen verbunden, sei es vor Freude oder Verzweiflung.

Während der ganzen Schwangerschaft hat man ein klares Ziel vor Augen: »Wenn das Baby erst geboren ist, dann …« Man bereitet sich mit allen Mitteln darauf vor, das Baby so gut wie möglich willkommen zu heißen, und malt sich seine Ankunft und das Leben mit dem Neugeborenen in den schönsten Farben aus. Und in der Tat ist es auch die schönste Zeit, diese Anfangszeit mit dem eigenen Baby – sie haut Mama und Papa geradezu um. Genießt sie mit allen Sinnen, denn sie wird nie wiederkommen. Eure ganze Welt wird von diesem winzigen Wunderwesen auf den Kopf gestellt.

Bei mir fühlte sich die erste Zeit mit meinem Neugeborenem ungefähr so an:

- Meine Welt bricht zusammen: Mein Baby muss noch mal für einen Tag in den Brutkasten im Krankenhaus, weil sein Gelbsuchtwert zu hoch ist.

- Die Welt schaut zu und klatscht Beifall: Mein Baby und ich werden vom besten Ehemann aus dem Krankenhaus nach Hause abgeholt.
- Ich schlottere vor Angst: Mein Baby soll allein auf der Rückbank in der Babyschale Auto fahren.
- Zu Hause rufe ich völlig verunsichert bei der Hebamme an: Kann sie bitte kommen, um zu schauen, ob wir alles richtig und sicher für Babys erste Nacht vorbereitet haben?
- Ich bin stolz wie Oskar, während ich das Baby das erste Mal im Kinderwagen durch den Ort schiebe.
- Ich denke, die Welt müsste stehen bleiben: Mein Baby trinkt komisch und nimmt nicht lehrplanmäßig zu.
- Ich fühle mich völlig ahnungslos und hilflos: Mein Baby schreit.
- Ich finde, dass mein Baby das allerschönste Baby der Welt ist, und schaue es völlig hingerissen an, wenn es schläft.
- Ich bin einfach nur total müde und könnte jede Minute losheulen.

Eine neue Welt. Ich bin plötzlich Mama. Vorbereitet und trotzdem völlig unvorbereitet werden wir in diese andere, fremde Welt hineingeboren. Nicht nur das Baby ist neugeboren, sondern mit ihm auch eine Mutter und ein Vater.

Jede Frau fühlt sich nach der Geburt anders. Die eine ist topfit, eine andere noch etwas erschöpft. Manche müssen den Krankenhausaufenthalt verlängern, bei einigen geht's tagsüber einigermaßen, dafür fühlen sie sich nachts schrecklich. Manche leiden unter emotionalen Totalausfällen: urplötzliche Heulattacken, Glückshöhenflüge und Hormonschwankungen nach rechts und links im Sekundentakt. Es herrscht einfach weiter der Ausnahmezustand. Während und erst recht nach der Geburt. Es ist alles möglich. In einem Moment strahlt die Sonne vom Himmel, im anderen folgt gleich das Gewitter. Ich selbst befand mich damals in meinem eigenen Universum. Die Welt »da draußen« mit Leuten, die ganz normal ihrem Alltag nachgingen, war für mich gefühlt auf einem anderen Stern. In meiner Welt konnten die kleinsten Dinge alles zum Ein-stürzen bringen.

In der ersten Zeit mit einem Baby geht alles drunter und drüber. Man versucht krampfhaft, das alte Leben weiterzuleben, und merkt doch ganz deutlich, dass es nie mehr dasselbe sein wird. Alles ist anders. Ständige Müdigkeit, der Körper muss sich noch von der Geburt erholen,

Nicht nur das Baby ist neu-geboren, sondern mit ihm auch eine Mutter und ein Vater.

die Gefühle spielen verrückt, weil die Hormone außer Rand und Band sind, und dann kommt noch dazu, dass man einen brandneuen 24-Stun-den-Job hat. Keine geregelten Arbeitszeiten, keine Freizeit und keinen Feierabend mehr. Nein, euer Leben ist plötzlich fremdbestimmt und ihr dreht euch nur noch um dieses kleine Wesen. Ihr selbst kommt bei allen Dingen erst mal an zweiter Stelle. Das ist was ganz Neues. Eine 1a-haut-nah-Lektion in Dienen. Der Mann versucht sein Bestes, um Mutter und Kind gut zu versorgen, aber weiß auch nicht so genau, wie er das eigent-lich machen soll. Nebenbei muss er noch in seiner Arbeit das Beste geben und dort den normalen Alltagsgeschäften nachgehen. Das Baby muss sich in dieser Welt einfinden und sie kennenlernen. Es hat diesen riesi-gen Umzug hinter sich und muss mit all den komplett neuen Umständen fertigwerden. Sein Darm muss sich an die neue Nahrung gewöhnen und es kämpft manchmal mit Bauchschmerzen. Seine ganze Umgebung ist so neu und es vermisst manchmal die Wärme und Ruhe des Mutterleibs. Oft muss es die verschiedensten Dinge verarbeiten: die Geburt an sich, die Reize und Einflüsse des ganzen Tages. Auch das Leben des Babys ist plötzlich komplett anders. Es muss sich, genau wie die Mama und der Papa, auf ein ganz neues Leben einstellen. Die Verwandten und Freunde wollen unbedingt das Neugeborene sehen und berühren, weil sie sich so sehr freuen, gleichzeitig wollen sie aber der neuen Familie Zeit geben, sich aneinander zu gewöhnen. So viele verschiedene Faktoren kommen zusammen. Diese Eingewöhnung von Eltern und Kind in die neue Welt dauert einige Monate. Die anfangs noch völlig fremde und ungewohnte Welt wird bald Alltag sein. Jedoch fühlt es sich nicht so an, wenn man mittendrin steckt. Ich möchte euch, liebe Mamas und Papas, mit einem ganz frischen ein-, zwei- oder dreimonatigen Baby sagen: Haltet durch! Ihr schafft das! Es wird bald alles nicht mehr so neu und überwältigend sein. Es ist nur eine kurze Zeit und es werden andere Phasen kommen. Ihr nehmt die wichtigste Aufgabe im Universum wahr: Ihr schenkt einem Kind seinen Start in dieses Leben.

Die ersten drei Monate mit Baby sind die krassesten. Man hat sich ja vorbereitet, gelesen, Sachen gehört und gedacht, dass es so schwierig nicht sein könnte. Man denkt an die Geburt und oft nicht weiter. Und wenn, dann malt man sich diese Zeit oft in den schönsten Farben aus: Das langersehnte Baby ist ja dann endlich da. Plötzlich steckt man mit Leib und Seele in einer neuen Welt und alles ist ganz anders. Nichts kann einen letztlich auf diese erste Zeit vorbereiten, man muss sie selbst erleben. Man ist mit Sachen konfrontiert, die man noch niemals zuvor erlebt hat und über die man noch nie nachgedacht hat: Nahrungsaufnahme und Nahrungsausscheidung des Babys, Pflege eines Neugeborenen, Schlaf(un)gewohnheiten eines Babys, Heilung von Geburtsverletzungen, Kulturschock vom Leben ohne Kind zum Leben mit Kind, hormonelles und emotionales Chaos und eben die Veränderung der Ehe zur Familie.

Anfangszeit gestalten

Bei mir selbst war es so, dass ich mich noch sicher und nicht allein fühlte, als ich die ersten Tage im Krankenhaus war – mit so vielen Ärzten, Hebammen und Krankenschwestern. Nach wenigen Tagen wollte ich aber dann

nur noch schnell ab nach Hause in die eigenen vier Wände. Als ich endlich daheim ankam, ganz stolz und übervorsichtig mit meiner Tochter im
Arm, bekam ich Panik: Was sollten wir denn jetzt mit diesem Winzling
machen? Gab es keine Anleitung? Sagte mir niemand, was richtig und was
falsch war? Hatten wir auch alles, was das Baby brauchte? Was brauchte es
denn eigentlich? Ich habe ängstlich jede Bewegung und Regung des Babys
beobachtet und war dabei selbst so vorsichtig und lautlos, wie es nur geht.
Noch heute bemerken Andi und ich manchmal, dass wir beide flüstern,
obwohl die Kinder schon längst eingeschlafen und so weit weg sind, dass
sie uns gar nicht hören könnten.

Im Wochenbett ausruhen

Wie das Wort schon sagt, sollten es eigentlich mehrere Wochen sein, in
denen sich die Mutter Zeit nimmt, um nach der Geburt wieder ganz fit
zu werden, und zwar rundum: körperlich und emotional. Manches darin
liegt nicht in unserer Hand, aber eins, das wir tun können, ist, diese Zeit
vorher so gut es geht zu planen und vorzubereiten. Bei uns hat sich Andi
so gut es ging mindestens zwei bis drei Wochen freigenommen oder hatte
Elternzeit, um ganz für uns da zu sein. Bei uns gestaltete es sich jedes Mal
unterschiedlich, je nachdem wie es mir nach der Geburt ging. Generell hieß
es bei uns, dass ich auf dem Sofa oder Bett lag und Andi mir alles brachte,
um was ich ihn bat. Leckeres Essen, viele Süßigkeiten und Getränke, das
Telefon, Taschentücher, Windeln, Spucktücher, Binden, Feuchttücher und
sonst auch alles andere. Meine Töchter waren immer ganz nah bei mir, am
besten auf der nackten Haut. Wichtig war für mich, dass ich das Gefühl
hatte, irgendwie mit der Welt »da draußen« in Verbindung zu sein. Mir
half es, das Handy bereitzuhaben, um süße Fotos des Babys zu zeigen und
Freud und Leid mit Freundinnen zu teilen oder meine Mama um mich

herum zu haben. Manchen hilft auch der Fernseher. Alles ist erlaubt, was einem ein bisschen Normalität vermittelt.

Ich bin von Natur aus eher der aktive Typ und hatte deswegen beim ersten Mal auch ein komisches Gefühl, dass ich nur liegen und mich bedienen lassen sollte. Also lag ich in den ersten Tagen nicht konsequent, was zur Folge hatte, dass meine Geburtsverletzungen umso länger brauchten, um zu heilen. Das bedeutete, dass ich die nächsten beiden Wochen wirklich gar nicht aufstehen durfte. Hmpf! Da habe ich mir dann tatsächlich alle möglichen Leute aktiviert, die für uns gekocht, geputzt und aufgeräumt haben, damit ich die Hände und den Kopf frei hatte für mich selbst und für meine Tochter. Hätte ich das doch gleich gemacht! Man kann auch vorher dafür sorgen, dass genug Essen in der Gefriertruhe ist, oder man bestellt das Essen, damit man sich darüber keine Gedanken machen muss. Als endlich die Zeit des Liegens vorbei war, war das erste gemeinsame Essen am Tisch eine ganz neue Erfahrung und ein kleines Fest – zumindest so lange, bis das Baby losbrüllte.

> Das Wochenbett ist dazu da, dass die Mama körperlich und emotional wieder fit wird.

Liebe Männer, jetzt ist eure Chance! Ihr dürft eurer Frau mal so richtig dienen. Ihr jeden Wunsch von den Augen ablesen und sie unterstützen wie noch nie zuvor. Sie braucht euch so sehr. Alle Gefühle sind außer Rand und Band. Sie braucht es, dass ihr zu ihr sagt, dass sie eine ganz tolle Frau und Mutter ist. Mehrmals am Tag. Sie braucht eure Schulter zum Anlehnen und Ausheulen. Haltet die Stimmungsschwankungen aus, versorgt sie mit Essen und Trinken und räumt es wieder weg. Sagt ihr viele liebe Worte. Tragt das Baby auf und ab, wenn es weint und sie es möchte. Wickelt das Baby. Umsorgt sie, gebt ihr aber niemals das Gefühl, dass es euch eine Last ist. Seid da, mit ganzem Herzen. Lernt gemeinsam mit ihr euer Kind kennen. Gebt ihr das Gefühl, dass sie nicht alleine ist, sondern ihr diese riesige Aufgabe gemeinsam bewältigen werdet. Helft nachts. Seid der Fels in der Brandung, der Ruhe und Gelassenheit ausstrahlt (auch wenn ihr selbst manchmal keine Ahnung habt, was abgeht).

Ein Wort von meinem Mann

Hört eurer Frau besonders in den ersten Wochen nach der Geburt gut zu und zeigt ihr damit euer Interesse. Bitte nickt ihre Aussagen nicht ab oder tut sie ab. Nehmt sie ernst und zeigt ihr damit eure Liebe. Nehmt euch Zeit zum Nachdenken und dann gebt Rückmeldung und vielleicht auch eine neue Sichtweise. Gebt ihr Stabilität in ihrem Wechselbad der Gefühle.

Stillen will gelernt sein

Bei manchen frischgebackenen Mamas läuft die Milch wie von selbst aus dem übervollen Busen, bei anderen klappt das überhaupt nicht. Manche Brustwarzen sind scheinbar dazu gemacht, dass man aus ihnen trinkt, manche bedürfen mehr Übung für die Babys. Manche Babys versuchen zu saugen und geben dann nach kurzer Zeit frustriert auf, andere können gar nicht genug davon bekommen. Die Gefühlslage der Mamis ist je nachdem himmelhoch jauchzend oder zu Tode betrübt. Das Stillen selbst ist auch so ein besonderes Thema für sich. Für das Baby und die Mama ohne Frage die allerbeste und einfachste, gesündeste und kostengünstigste, natürlichste und schönste Art der Nahrungsaufnahme. Muttermilch ist nicht nur Nahrung, sondern auch Bindung. Das Baby bekommt Nähe, Wärme, Aufmerksamkeit, Hautkontakt, Mama exklusiv, Sicherheit und eine tiefe Geborgenheit, wenn es am Busen von der Mama sein und nuckeln darf. Deshalb wollen die Babys ja auch oft nicht nur an den Busen, wenn sie Hunger haben, sondern einfach weil es dort so schön für sie ist. Manche Babys und Mamas erleben das Stillen allerdings am Anfang überhaupt nicht als schön. Irgendwas klappt nicht, wie es sollte: Das Baby saugt nicht richtig an der Brustwarze oder schläft ständig ein, das Baby schreit vor, während und nach dem Stillen, das Baby saugt so sehr an der Brustwarze, dass sie extrem wehtut, der Milcheinschuss verursacht Schmerzen oder, oder, oder. Es ist komplett normal, dass beim Stillen des ersten Kindes irgendetwas nicht gleich optimal »funktioniert«. Mama und Kind müssen ja auch erst mal abchecken, wie das alles geht. Die Stillerei kann vor allem in der ersten Woche etwas schmerzhaft sein. Die Brustwarzen und alles andere muss sich ja erst mal drauf einstellen, dass da jetzt immer dran gesaugt wird.

Gott sei Dank gibt es Hebammen und Stillberater. Und noch ganz viele andere Leute, die alle gute und viele Tipps auf Lager haben, was man alles machen kann, damit das Stillen gut funktioniert und alles läuft. (Besonders die Milch.) Die Fülle an Ratschlägen hat mich selbst allerdings anfangs eher verwirrt, anstatt mir zu helfen. Ich war total froh, dass mir meine Hebamme mit Rat und Tat zur Seite stand und ich sie alles fragen konnte, denn sie kannte mich und mein Baby gut. Mit ihrer Hilfe konnte ich alle meine Mädels stillen – dafür bin ich sehr dankbar. Bei einigen meiner Freundinnen hat das nicht so optimal funktioniert und war deshalb noch sehr lange Zeit ein ganz sensibles Thema. Sie hätten gerne gestillt, was aber aus verschiedenen Gründen nicht geklappt hat. Hier möchte ich sagen: Gott sei Dank gibt es auch Alternativen. Und dennoch möchte ich ganz stark dafür werben, es mit allen möglichen Mitteln zu versuchen, dass es mit dem Stillen klappt.

Ich habe schon Mütter getroffen, die mir sagten, sie wüssten, dass Stillen das Beste für ihr Baby ist, sie würden es aber trotzdem niemals tun. Das finde ich sehr schade und bin der Meinung, dass es einen Unterschied macht, ob eine Mutter alles versucht, um ihr Baby stillen zu können, oder es von vornherein ausschließt. Ich wünsche mir, dass wir lernen, von uns selbst wegzusehen und darauf zu schauen, was das Beste für unseren

Nächsten ist: in diesem Fall unser Neugeborenes. Erst letztens hörte ich von einer Bekannten, die viele Wochen immer wieder dranblieb und durchhielt, neben der Flasche auch immer wieder zu stillen und abzupumpen, und die damit belohnt wurde, dass das Baby schließlich doch ganz aus dem Busen trank. Solche Geschichten erfreuen mein Herz so sehr, und ich bin stolz auf Mütter, die so für ihre Kinder kämpfen.

Ich wünsche mir aber auch genauso, dass wir Mütter sind, die Gnade haben. Mit uns selbst, wenn es dann doch nicht so läuft, wie wir es uns gewünscht haben: Wenn es z. B. bei der Nachbarin klappt und bei uns selbst nicht. Oder umgekehrt: Wenn es bei uns klappt und bei der Nachbarin nicht. Ich wünsche mir, dass wir Mütter sind, die nicht verurteilen und Schuld suchen, sondern trösten und ermutigen. Ich wünsche mir, dass wir unser Bestes geben für unsere Kinder und füreinander. Ich möchte für das Stillen werben, ohne denen, bei denen es nicht geklappt hat, ein schlechtes Gewissen zu machen. Ich möchte den Mamas sagen, die mit ihren Babys weinen, weil das Stillen einfach nicht klappt, dass sie dennoch das Beste geben. Ich möchte den Fläschchen gebenden Mamas sagen: Schämt euch nicht, ihr braucht kein schlechtes Gewissen zu haben – ihr macht nichts Falsches. Ich ermutige euch, eurem Baby Nahrung für seinen Körper zu geben, Liebe für seine Seele und Geborgenheit und Ruhe für seinen Geist.

Den Babyblues akzeptieren

Im Fernsehen und in unserer Vorstellung ist es ja oft so, dass die Welt rosig ist und voller Geigen hängt, wenn das kleine Baby erst mal bei uns ist. So ist es auch oft am Anfang, aber kurze Zeit später fühlt sich alles wieder ganz anders an. Da kann die kleinste Erschütterung ein Erdbeben hervorrufen und schon fällt uns die Decke krachend auf den Kopf.

Bei frischgebackenen Müttern denken wir an selig strahlende, topfitte Frauen mit rosiger Haut, die schön gestylt sind und meist sofort nach der Geburt wieder so aussehen wie vorher. Auf keinen Fall haben wir Hänge-bäuche, verheulte Gesichter, völlig übermüdete Augen, Jogginghosen und vollgespuckte T-Shirts mit Still-BH drunter auf dem Schirm. So sieht die Realität aber öfter aus. Ganz zu schweigen davon, wie es bei den Mamas in der Seele aussieht. Wie die ganze Welt in kleine Teile zerfällt und man sich nicht vorstellen kann, wie sie von nun an aussehen soll. Wie dieses winzige Wesen alles in Beschlag nimmt: jede freie Minute und jeden freien Gedanken. Wie müde ein Mensch sein kann und wie viel Kraft es kostet, sich Tag und Nacht um jemand anderen kümmern zu müssen. Wie es sich anfühlt, wenn man am Ende des Tages noch im Schlafanzug dasteht und dem Mann erzählt, was man heute alles Grandioses geschafft hat: wickeln, stillen und alles wieder von vorne. Wie es sich anfühlt, wenn das, was wir getan haben, in den Augen der Welt und manchmal auch in unseren eige-nen »nichts Richtiges« ist. Wie es sich anfühlt, wenn man »gefangen« ist in seinen eigenen vier Wänden, mit einem Winzling, den man oft nicht versteht und für den man trotzdem ganz allein verantwortlich ist. Alles, was vorher scheinbar nebenher ging, ist jetzt mit Baby ein Riesenakt und scheint ein Ding der Unmög-lichkeit zu sein.

> Die Realität von frisch-gebackenen Müttern haben wir oft nicht auf dem Schirm: Hängebäuche, verheulte Gesichter, völlig übermüdete Augen, Jogginghosen und vollgespuckte T-Shirts mit Still-BH darunter.

Es ist komplett normal, in dieser ersten Zeit dann und wann unglücklich zu sein. Das darf sein und gehört dazu, wenn man sich in einem völlig neuen Leben zurechtfinden muss. Durch die ständige Müdigkeit alleine befindet man sich am Ende der Kräfte. Dazu kommen die Hormo-ne und allerlei ständig wechselnde Gefühle. Es gibt Tränen, Verzweiflung, Wut, Traurigkeit über das anstrengende neue Leben und Trauer über den

Verlust des alten »einfachen« Lebens. Für einen echten Trauerprozess ist das Zulassen dieser Gefühle wichtig.

Hilfe für den Babyblues

- Offenheit und Ehrlichkeit. Es ist oft schon erleichternd, wenn man vor sich selbst zugeben kann, dass es einem nicht gut geht. Aber man braucht auch andere Menschen, denen man ganz ehrlich sagen kann, wie einem zumute ist. Familie und Freunde stehen hier an erster Stelle, aber auch Hebammen oder Ärzte haben oft wertvolle Tipps. Hilfe in Anspruch zu nehmen ist immer mutig, verantwortungsbewusst und ein Zeichen von Stärke.
- Zeit zum Auftanken. Auch wenn es nur einige Minuten sind, bewirken sie viel. Dafür braucht es Planung, Mut und Menschen, denen man das Baby für eine Weile anvertrauen kann, wenn es schläft. Ein Schläfchen, eine Dusche, ein Buch, Vanillepudding oder was auch immer euch guttut.
- Der Papa, weil der mit mir in einem Boot sitzt. Er trägt die Hälfte der Verantwortung und ist in meinem Team. Er hält mich aus. Er bestärkt, ermutigt und unterstützt mich. Er gibt mir Kontra und bringt mich wieder auf den Boden zurück.
- Die eigene Mama ist für diese erste Zeit unersetzlich. Weil sie immer für mich ist. Weil sie mich am allerbesten kennt und ich ihr nichts vormachen kann. Und weil sie es auch aushält, wenn ich von ihr und allem anderen genervt bin. Weil sie mein Kind liebt wie ihr eigenes. Genauso könnten hier auch gute Freundinnen eingesetzt werden.
- Andere Mamas. Eine große Frage ist fast immer: »Geht das nur mir so?« Die Antwort lautet fast immer: nein. Den anderen geht es genauso. Wir sind alles Menschen in einer neuen Welt. Wie wohltuend und erleichternd es ist, Bekannte aus dem Geburtsvorbereitungskurs, Freundinnen, bis jetzt noch fremde Mütter einzuweihen in mein eigenes Chaos und von ihnen zu

hören, dass sie ganz genau verstehen, wovon man redet. Balsam für die Seele. Traut euch, ehrlich zu sein und zu sagen, wie es euch wirklich geht. Das bringt Nähe in Beziehungen, Erleichterung in euer und in das Leben der anderen. Und danach geht es einem gleich viel besser.

- Weitblick. Aller Anfang ist schwer. Diese neue Zeit ist in den ersten Monaten am krassesten. Es wird bald normaler werden. Wir legen in dieser herausfordernden ersten Zeit den Grundstein des ganzen restlichen Lebens. Die ersten Monate sind keine Erziehungszeit. Es geht nur darum, dass wir da sind und dass unsere Kinder das spüren und erleben. Sie lernen Urvertrauen und eine sichere Bindung zu haben, d. h., dass sie nicht alleine sind auf dieser Welt und dass es Menschen gibt, auf die sie sich verlassen können. Das Wichtigste ist, dass wir einfach für sie da sind, nicht dass wir alles perfekt machen.

- Gnade und Gelassenheit. Es ist o.k., auch unglücklich und überfordert zu sein. Wir dürfen Fehler machen. Es ist nur eine Phase. Man darf sich langsam an neue Dinge gewöhnen. Wir müssen nicht alles krampfhaft in unseren eigenen Händen halten. Wir dürfen unser Baby und unser eigenes Leben in Gottes Hände abgeben. Er hält uns. Und er wird es trotz und sogar mit unseren Fehlern gut machen.

Babys Welt steht kopf

Das neugeborene Baby muss sich in dieser Welt einfinden. Es kennt nichts, außer dem warmen, ruhigen und sehr engen Mama-Körper von innen. Nun erlebt es unsere laute, weite, reizvolle und schnelle Welt. Es lernt Menschen und Orte kennen. Viele verschiedene, laute und leise Menschen und Orte. Es muss Aufregung und Trubel verarbeiten und lernen, Stille auszuhalten.

Es lernt, in welchem Rhythmus diese Welt funktioniert, Tag und Nacht, dunkel und hell, laut und leise, viel und wenig. Manche Babys gewöhnen sich leichter und schneller an all das, andere brauchen etwas mehr Zeit. Letztlich können wir als Eltern in dieser ersten Zeit nur das eine leisten und gut machen: Uns Zeit nehmen. Unserem Baby erlauben, so gemächlich und sanft es geht in diese Welt zu starten – mit uns als seinen ständigen Begleitern. Begleiter, die oft fertig und ratlos sind, aber die da sind. Das Baby lernt: Mama und Papa gehen nicht weg. Sie sind für mich da. Ich kann ihnen vertrauen und bin nicht alleine. Egal, was kommt, welcher Schmerz und welche Situation, ich habe meine sichere Burg immer bei mir.

Die erste und wichtigste Bezugsperson für das Baby ist immer seine Mama. Sie ist der Mensch, den das Baby schon von Anfang an kennt, erst innen, dann außen. Alles an ihr ist dem Baby vertraut: ihr Geruch, ihre Stimme, ihre Gefühle, ihre Berührung, sogar ihr Herzschlag. Keinen kennt das Baby so gut wie sie. Gleich der Nächste ist natürlich der Papa, aber dem fehlen die intensiven inwendigen Monate der körperlichen und seelischen Verbundenheit. Deswegen bedeutet die Mama die Welt für das Baby. (Falls aus schwerwiegenden Gründen die Mutter nicht für das Baby da sein kann, ist es möglich und nötig, eine andere feste Bezugsperson einzusetzen, die dem Baby diese Bindung ermöglicht. Aber am natürlichsten ist für das Baby immer die leibliche Mutter als die wichtigste Bezugsperson.) Erst nach ungefähr sechs Monaten werden zunehmend auch andere Personen für das Baby wichtig. Gerade aus dem Grund möchte ich euch als Mama bitten: Nehmt diese Zeit ernst und wichtig! Völlig ohne Druck. Euer kleiner Sohn oder eure kleine Tochter hat keinerlei Erwartungen an euch. Ihr sollt einfach nur da sein. Ihr dürft Fehler machen, unglücklich sein, müde, überdreht, rat- und hilflos, ein bisschen übertrieben. Aber seid einfach für diesen kleinen Menschen da, den Gott euch anvertraut hat. Er hat euch ausgesucht, die Mama von diesem kleinen Wesen zu sein, niemand anderen. Er traut es euch zu und vertraut euch ein Leben an. Er hat seine Liebe in euch hineingelegt und weiß, dass ihr es schaffen und gut machen werdet.

Weil er mit euch ist und euch alles geben wird, was ihr braucht. Was für ein Vorrecht diese wertvolle Aufgabe ist! Genießt diese Anfangszeit so gut es geht. Und wenn es nicht geht, wisst, dass sie schon ganz bald vorbeigeht.

Trotz der herben Nachricht für alle Väter, dass ihr am Anfang für das Kind nur an zweiter Stelle steht, seid ihr doch so immens wichtig. In erster Linie für die Mama und damit auch für euer Baby. Mein Andi meint, dass es wichtig für euch Männer ist, euren Frauen gut zuzuhören, wie ich oben schon erwähnt habe. Das kann ich nur bestätigen. Wenn ich ihm erzählte, wie genau das Baby heute getrunken hat und was mir an seinem Verhalten Sorge machte, hörte er mir gut zu. Damit zeigte er mir sein Interesse und ich fühlte mich geliebt und verstanden. Er nahm sich danach kurz Zeit, um für sich selbst darüber nachzudenken, und dann sprach er mit mir darüber. Es war ihm immer sehr wichtig, mir in meinem Wechselbad der Gefühle Stabilität zu vermitteln. Er gab mir mit seiner Sicht auf das Problem, seinen neuen Ideen und auch seinen ruhigen, rationalen Argumenten oft wieder den Boden unter den Füßen zurück. Ihr Männer habt das natürliche Potenzial, uns Stabilität und Ruhe zu geben, wenn wir in solchen Ausnahmezuständen stecken. Wir brauchen euch so sehr.

> Liebe Mamas: Ihr sollt einfach nur da sein. Ihr dürft Fehler machen, unglücklich sein, müde, überdreht, rat- und hilflos, ein bisschen übertrieben. Aber seid einfach für diesen kleinen Menschen da, den Gott euch anvertraut hat.

Schlafen und Schreien im Wechsel

Das Thema Schlaf ist in dieser ersten Zeit hochaktuell, weil er praktisch nicht mehr vorhanden ist. Na ja, jedenfalls nicht so, wie man es von vorher kennt. Das Baby kennt den uns bekannten Tag- und Nachtrhythmus noch nicht wirklich. Es braucht alle paar Stunden etwas zu essen, ob am Tag oder in der Nacht. Bestenfalls muss nur die Mama aufstehen oder zumindest wach sein, um das Baby zu stillen oder ihm das Fläschchen zu geben. Im schlimmsten Fall brüllt das Baby los und man weiß nicht, warum. Man versucht alles, was einem einfällt, und trotzdem brüllt es immer noch. Da sind dann Mama und Papa wach und ratlos und müde und nach einiger Zeit genervt und wütend. Babygebrüll tagsüber auszuhalten ist schon schwer, aber nachts ist alles noch viel schlimmer. Man kommt sich vor, als sei man der einzige Mensch auf der Welt, der jetzt gerade wach ist, und fühlt sich ganz allein. Man ist extrem müde und fertig und muss sich trotzdem um dieses schreiende Baby kümmern. Es rumtragen, beruhigen, ihm vorsingen, im Kinderwagen rumfahren, wickeln, füttern, wiegen, im Auto rumfahren, schaukeln oder was einem sonst noch einfällt. Ihm Nähe geben. Das ist wirklich allerhärteste Knochenarbeit. Da geht es ans Eingemachte. Aber auch hier gilt: Es ist absehbar. Es ist nur eine Phase. Es wird nicht für immer so bleiben. Das Baby wird sich an unseren Rhythmus gewöhnen, und auch ihr werdet euch daran gewöhnen, hier und da nachts ein wenig wach zu sein. Es wird seinen Schrecken verlieren. Bei uns sind die Durchschlafnächte in den letzten sechs Jahren eher weniger als die Nächte, in denen wir auch

Das viele Schreien wird vergehen, auch das ist eine Phase.

mal aufstehen müssen. Bei vier Kindern ist die Wahrscheinlichkeit, dass irgendjemand etwas braucht, auch relativ hoch. Es geht. Es wird normal werden und kein großes Thema sein. Und – ob ihr es glaubt oder nicht – in ein paar Jahren werdet ihr und die Kinder tatsächlich durchschlafen, von abends bis morgens.

Und wenn das Schreien auch tagsüber überhandnimmt: Hilfe holen. Zuerst in Form von Ehemann, Mama oder anderen, die es auch mal herumtragen oder eine Runde im Kinderwagen spazieren fahren, damit man selbst eine Pause hat und Zeit hat, um durchzuatmen. Danach kann man dann wieder ganz anders mit dem Baby umgehen und sich an ihm freuen. Ansonsten gilt wie immer, die Hebamme oder den Arzt oder auch spezielle Angebote, wie z. B. eine Schreiambulanz, zur Hilfe zu holen, denn die haben viel Erfahrung und wissen mehr.

Auf das Bauchgefühl hören

Die Sache, die ich in der ersten Zeit mit meiner Tochter am meisten lernen musste und immer noch muss, ist, mein Bauchgefühl kennenzulernen und ihm zu vertrauen. Ich will die beste Mama aller Zeiten sein. Ich habe so viel über Babys gelesen, gehört, bei älteren Mamas gesehen und verglichen und ich habe feste Vorsätze. Genau so werde ich es machen. Dann bekam ich ein Baby und eine krasse Unsicherheit und Angst machte sich breit: Mache ich alles richtig?

Ich bin ein Mensch, der klare Ansagen liebt: Der Rhythmus ist Stillen, Wickeln, Schlafen und wieder von vorne. Das Baby sollte nicht auf dem Bauch schlafen. Es sollte bei soundso viel Grad gebadet werden. Danach föhnen und massieren. Der Brei sollte auf diese und diese Weise eingeführt werden. Ich will es ganz klar haben. Eine Anleitung, die für alle Babys passt. Dann kann ich meine Liste abhaken und weiß genau, dass ich alles richtig gemacht habe und dass alle zufrieden sind.

Leider, oder Gott sei Dank, funktioniert das bei Babys nicht. Ich versuchte es ja wirklich: Meine Hebamme sagte mir mal, ich sollte die Abstände zwischen den einzelnen Stillmahlzeiten etwas verlängern. »Ungefähr zwei Stunden könnte die Kleine ja schon aushalten.« Den ganzen folgenden Tag ließ ich meine Tochter jedes Mal eine halbe Stunde schreien und schaute ständig auf die Uhr, bis ich ihr nach genau zwei Stunden etwas zu trinken gab. (Na ja, vielleicht eine oder zwei Ausnahmen habe ich schon gemacht, mein Herz blutete schließlich und laut war es auch). Als ich das der Hebamme erzählte, war sie etwas geschockt und meinte, dass sie es so auch nicht gemeint habe. Jetzt war ich ganz verwirrt. Nun, wie lange sollte ich dann warten? Ich musste lernen zu spüren, wann mein Kind Hunger hatte. Das konnte ich ungefähr an der Zeit erkennen, aber auch nicht jedes Mal. Ich musste lernen, mein Kind zu studieren, es kennenzulernen, seine Zeichen zu deuten. Und mit der Zeit, oft ganz langsam, entwickelte ich ein Gespür für diesen kleinen Menschen. Und das ist das Geheimnis: sich auf sein Kind einzulassen. Sich Zeit zu nehmen und sich Zeit zu geben, es kennenzulernen. Niemand, niemand wird diesen Menschen je so genau kennen, wie ich es als Mutter von Anfang an tue. Wenn ich es mir erlaube und es mir wichtig ist, kann ich der absolute Profi für mein Kind werden, weil niemand es von Anfang an kennt und so viel Zeit mit ihm verbringt, wie ich als Mutter es tue. Das ist nicht einfach. Und die Fragezeichen sind am Anfang riesig. Aber es lohnt sich zu hundert Prozent.

Ich wünsche mir Eltern, die es sich zur Priorität machen, ihr Kind kennenzulernen und sich auf die Reise einzulassen, mit ihm gemeinsam die Welt zu entdecken. Eltern, die den Mut haben, Dinge zu tun, die sie für sich und ihr Kind als richtig erkennen, egal, was andere Leute sagen. Kein Ratgeber der Welt kann mir sagen, was speziell für mein Kind gut ist. Der Ratgeber kann vielleicht manches Mal Tipps vorschlagen, aber ich bin die Expertin für mein Kind. Ich darf und muss herausfinden, wer es ist und was es braucht. Da sind die Abstände beim Stillen erst der Anfang. Das wird sich wie ein roter Faden durchs ganze Leben ziehen, also lasst uns jetzt schon damit anfangen, unsere Kinder zu studieren. Sie werden merken, dass hier jemand ist, dem sie wirklich wichtig sind und der sich wirklich für sie interessiert. Der irgendwann ihre Signale versteht und annähernd weiß, was sie bedeuten. Der sich die Mühe macht dahinterzukommen. Sie fühlen sich geliebt und wertgeschätzt.

Ich sage mir oft selber: Ich darf es anders machen als alle anderen. Ich darf ganz neue Möglichkeiten finden und Wege gehen. Es gibt oft kein

Schwarz oder Weiß. Mein Kind ist einzigartig und die anderen auch. Ich bin anders als andere. Gemeinsam werden wir einen Weg herausfinden, der genau zu uns passt.

Für die werdenden Eltern: Was habt ihr für Vorstellungen und Maßstäbe in eurem Kopf, nach denen ihr auf jeden Fall handeln wollt, wenn ein Baby da ist?
Für die Eltern mit Baby: Nur mal so als Versuch: Legt mal alles, was ihr je gelesen oder gehört habt, weg und versucht, euch in euer Baby hineinzuversetzen. Was fühlt es? Was braucht es von euch? Wenn ihr nur auf euer Herz und euren Bauch hören dürftet, was würdet ihr tun?

Ehe ihr euch umschauen könnt, wird die erste Zeit mit eurem Säugling vorbei sein. Was bleibt, sind viele schöne Fotos und Erinnerungen. Diese Flut von Neuem werdet ihr wirklich nur einmal erleben, nämlich bei eurem ersten Baby. Denn bei den nächsten Kindern wird euch das alles schon vertraut vorkommen und nicht mehr ganz so neu. Es ist also ein Training, das sich lohnt. Ich feuere euch an, liebe frischgebackenen Mamas und Papas! Haltet durch! Ihr werdet es schaffen. Und es lohnt sich.

5. Das Kind in der Mitte – Das erste Jahr mit Baby

»Zwei Dinge sollen Kinder von ihren Eltern bekommen: Wurzeln und Flügel.«[14]

Das erste Jahr im Leben eines Babys ist grundlegend wichtig, denn in dieser Zeit streckt es ganz langsam die ersten zarten Wurzelanfänge in diese Welt, die es später braucht, um ein großer, stattlicher Baum zu sein, der fest steht. Unsere Aufgabe als Eltern ist es, dem Baby dabei zu helfen. Deswegen findet im ersten Jahr noch keine klassische Erziehung statt, und es ist noch gar nicht möglich, das Baby zu verwöhnen. Es hat noch kein Zeit- und Raumgefühl und muss nahezu alles von Anfang an lernen. Es ist so schön, wenn es langsam in seinem Leben ankommen darf und weiß, dass es nicht alleine ist. Es muss fühlen, sehen, erleben und ist oft mit Reizen überflutet. Dabei kann es sich nur durch sein Schreien verständigen. Unsere Aufgabe ist es, unser Baby kennenzulernen, uns in es hineinzuversetzen und Mut zu haben, ihm das zu geben, was wir als das Beste empfinden. Als Eltern, die mit so viel Information und Wissen überflutet werden, ist es unsere wichtigste Aufgabe, uns auf unser Baby zu konzentrieren und selbst Experten für unser Kind zu werden. Rückblickend bin ich einfach froh, meine ganze Energie in diese aufregende und intensive Zeit investiert zu haben. Ich möchte euch berichten, was ich in diesem ersten Jahr erlebte.

Das Baby kennenlernen

Bevor ich Kinder hatte, nahm ich mir vor, dass Andi und ich die coolsten Eltern sein würden, die es jemals gegeben hatte. Wir würden immer noch die Gleichen sein, wie wir es vor den Kindern gewesen waren, und wollten z. B. abends weggehen und uns nicht großartig durch das Baby einschränken lassen. Ich dachte heimlich bei mir, dass diejenigen Eltern, denen das nicht gelingt, es einfach nicht richtig wollen und nichts auf die Reihe kriegen. So starteten wir unsere großartige Karriere als Eltern mit unserem sechs Monate alten Baby. Magali lag zu Hause und schlief, während wir auf einen Geburtstag oder in den Hauskreis gingen. Wohlgemerkt nur bei uns im Ort. Wir legten das Haustelefon mit eingeschaltetem Lautsprecher neben ihr Bett und stellten eine Verbindung zu unserem Handy her. Auch beim Handy stellten wir den Lautsprecher ein und hatten so ein »mobiles Babyfon«, das etwas länger reichte. Noch jetzt, während ich das schreibe, wird mir wirklich ganz anders. So gingen wir stolz und gefühlt als »coolste Eltern des Jahres« fort. Ich hatte keine Zweifel und Hemmungen, es jedem zu erzählen. Es funktionierte. Mein Baby war supertoll, dass es so gut schlief, und ich war supertoll, dass ich so mutig war und solch ein großes Gottvertrauen hatte – ich legte es ja ganz in seine Hand! Völlig verdreht. Das große Erwachen kam eines Abends, als wir Weinen aus dem Handy hörten und dann schnell nach Hause fuhren. Es dauerte nicht lange, aber unsere Tochter hatte gemerkt, dass wir nicht da waren. In den folgenden Nächten schlief sie nicht mehr gut. Als ich meine Hebamme fragte, woran es liegen könnte, dass sich das Schlafverhalten von Magali so verändert hatte, und sie meine Geschichte hörte, fragte sie mich entsetzt: »Was für eine Mutter macht denn so was?« Mir wurde bewusst, dass ich vor lauter »Cool-sein-Wollen« mein Kind und auch mein Bauchgefühl völlig vergessen und verdrängt hatte. Diese Taktik wandten wir nie wieder an und sie darf auf keinen Fall nachgemacht werden.

Das war wirklich ein großer Fehler, und trotz dieses einschneidenden Erlebnisses bin ich immer noch dabei zu lernen, dieses Bauchgefühl zu spüren. Ich bin dabei zu lernen, mich in meine Kinder hineinzuversetzen und ihnen zu geben, was sie gerade brauchen. Meine Bedürfnisse und inneren Überzeugungen erst mal zurückzustellen und meinem Herz zu erlauben, auf mein Baby zu hören.

Natürlich ist es auch wichtig, sich selbst zu reflektieren und sich aus guten Quellen zu informieren. Es gibt so viele Erfahrungen, Bücher, Zeitschriften und Internetseiten, die sich mit dem Thema Kinder beschäftigen. Schon oft war für mich ein guter Rat Gold wert. Dabei ist es mir aber wichtig, Informationen als Hinweise statt als universelle Lösung zu betrachten, denn sie können einerseits superhilfreich sein, andererseits aber auch Angst und Schrecken verbreiten und Sorgen hervorrufen, die unnötig sind. Ich möchte alles, was ich mir vorgenommen habe, alles, was ich irgendwo gehört oder gelesen habe, vergessen, wenn ich merke, dass mein Baby eigentlich etwas ganz anderes bräuchte.

> **Ihr als Eltern wisst am selbst am allerbesten, was euer Baby braucht. Traut euch, mehr auf eure Intuition zu hören.**

Diese Haltung passt auch zu dem, was Paulus sagt: »Prüft alles, was gesagt wird, und behaltet das Gute« (1.Thessalonicher 5,21). Ein riesiges Geschenk ist es, wenn man einen Ehemann und/ oder Freundinnen hat, die einen ehrlich hinterfragen dürfen. Jeder hat blinde Flecken und Dinge, die er bei sich selbst gar nicht sieht, die aber für nahestehende Menschen ziemlich offensichtlich sind. Im Gespräch mit ihnen können wir so viel über uns selber lernen. Oft sind gerade die unangenehmen Themen die, die mich am meisten weiterbringen auf meiner

Reise, mein Herz und mein Verhalten immer mehr miteinander in Einklang zu bringen.

Ihr als Eltern wisst selbst am allerbesten, was euer Baby braucht. Traut euch, mehr auf das zu hören, was eure Intuition euch sagt, als auf das, was andere Leute sagen. Informiert euch, hört euch andere Meinungen an und prüft dann, welche zu euch passt. Überlegt euch, ob ihr manche Dinge nur tut, um anderen zu gefallen. Findet heraus, was eure Motivation ist, und dann überlegt, wie es eurem Baby damit geht.

Ich wünsche mir, dass wir uns als Eltern trauen und auf den Weg machen, Experten für unsere Kinder zu werden.

Die Vergleichsfalle

Eines der größten Themen für mich mit meinem Baby war die Vergleichsfalle, in die ich fast sofort gestolpert bin. Ständig verglich ich mich mit den anderen Mamas und mein Baby mit den anderen Babys.

Was kann mein Baby? Meine Tochter hat gestern gelächelt, hat deine das auch schon mal gemacht? Mit wie viel Monaten hat sich dein Sohn gedreht? Also, mein Baby isst schon von Anfang an super den Brei! Wow, dein Kind kann schon krabbeln?

So oder so ähnlich sah das bei mir aus. Immer gefolgt entweder von einer stolzgeschwellten Brust über mein allerbestes Jahrhundertbaby oder mit der inneren Unruhe, dass ich mit meinem Baby gewisse Dinge mehr üben sollte. Ach du liebes bisschen! Vergleichen bringt nur Lügen hervor. Entweder Stolz oder Neid. Beides ist nicht von Jesus und macht uns und andere nur kaputt.

Zwei Statements haben mir immer wieder geholfen, Dinge besser einzuordnen:

Jedes Kind ist anders. Gott macht keinen Menschen zweimal. Jedes Baby und Kind ist ganz unterschiedlich. Jeder hat Dinge, die er gut kann, und jeder hat Dinge, mit denen er sich eher schwertut. Auch bei Babys ist das schon so. Sie entwickeln sich ganz unterschiedlich und deswegen kann man sie nicht miteinander vergleichen. Unsere Babys spüren es sogar, wenn wir sie mit anderen vergleichen oder Erwartungen an sie haben, die sie nicht erfüllen können. Sie wollen am allermeisten uns gefallen, und hier schon dürfen wir als Eltern trainieren, die größten Fans von unseren Kindern zu sein. Sie anzunehmen, wie sie sind, und ihnen in Wort und Tat zu zeigen, dass sie sein dürfen, wie sie sind.

Alles ist nur eine Phase. Unser Leben besteht aus unterschiedlichen Phasen. Am Anfang einer neuen Phase sind wir mitten in neuen Umständen und haben das Gefühl, dass es jetzt ewig so bleiben wird. Das ist aber nicht der Fall. Nach einiger Zeit gewöhnen wir uns an die neuen Umstände oder sie verändern sich wieder und dann irgendwann fängt wieder eine neue Phase an. Es ist gut zu wissen, dass diese Babyphase nicht ewig dauern wird. Sie wird vorbeigehen und uns dann ganz kurz vorkommen. Und genauso ist es mit dem, wie unsere Babys sind oder sich verhalten. Schläft euer Baby vielleicht gerade ganz schlecht, kann es in ein paar Monaten schon wieder ganz anders aussehen. Vielleicht weint euer Baby gerade sehr viel, dann dürft ihr euch sicher sein, dass diese Phase irgendwann aufhören wird. Es bringt nichts Gutes, wenn ihr es mit anderen Babys vergleicht, die in diesem Moment einfacher erscheinen. In einer nächsten Phase kann alles schon ganz anders aussehen. Vergleichen macht alles nur noch schlimmer. Wie schön es ist, wenn wir gegenseitig Mitgefühl und Erbarmen haben, wenn es nicht so super läuft, und uns durchringen, uns mit denen zu freuen, bei denen gerade alles glattläuft. So wie es in Römer 12,15 beschrieben wird: »Freut euch mit den Fröhlichen und weint mit den Weinenden.«

Gleich nachdem ich meine Tochter mit anderen Kindern verglichen habe, verglich ich mich selbst mit anderen Müttern: »Wer ist die coolste Mama? Welche sieht am besten aus? Wer hat sein Kind am besten im Griff? Welche Mama hat die beste Figur? Welche Mama reagiert nicht ganz angemessen auf ihr Baby? Welche Mama ist überfordert?« Ich war ständig damit beschäftigt, andere und natürlich auch mich selbst zu beobachten und zu beurteilen. Solche Gedanken setzten mich total unter Druck. Ich wollte den anderen zeigen, dass ich alles total gut im Griff hatte, genau wusste, was ich tat, und dabei noch super aussah. Haha. Was war das für eine Anspannung und ein Versagen, wenn mein Baby einfach so in der Krabbelgruppe losschrie und quengelte und ich keine Ahnung hatte, was los war! Bei einem Familienfest zwang ich einmal Andi, mit mir und Magali eine Stunde in einem Raum zu sitzen und zu warten, falls sie nach dem Stillen spucken musste. Ich wollte nicht, dass jemand meine Anspannung bemerkte und unser »Versagen« bemitleidete. Als wir schließlich wieder bei den Leuten waren, machte meine Tochter entspannt das ersehnte Bäuerchen, natürlich mit Inhalt auf den Boden.

Ich bin jedes Mal nach meinen Schwangerschaften damit beschenkt gewesen, dass mein Babybauch sich relativ schnell zurückgebildet hat, manchmal mithilfe einiger (natürlich beckenbodenfreundlichen) Sit-ups, manchmal auch ohne. Das war für mich dann immer ein guter Vergleich. Kurzes Schielen auf die Überreste der Bäuche der anderen, ahh, kurzes Hochgefühl genießen, weil mein Bauch meistens dünner war. Dann aber der Gedanke: Was bringt es mir, einen dünnen Bauch zu haben, wenn mein Baby die ganze Nacht wach ist und das Baby der anderen durchschläft? Oh Mann, Mist! Und schon geht der Kreislauf von vorne los.

Wie schon gesagt, dieses Vergleichen ist pures Gift für mich selbst und alle anderen. Es macht mich unglücklich und undankbar für das, was ich habe. Es macht Beziehungen zu anderen Mamas schwer, wo wir einander doch so dringend brauchen. Vor allem in dieser Phase unseres Lebens.

In diesem Vergleichen stecke ich bis heute noch in vielen Teilen drin. Mit den Jahren allerdings merke ich, dass ich eh nicht mehr die coolste Mama sein kann, weil ständig jüngere und knackigere Mamas dazukommen, und ich merke hoffentlich auch, dass es nicht wirklich um das »Coolsein« geht. Ich erlebe, dass es so gut ist, wenn Mamas gegenseitig offen und ehrlich sind. Letztens lief ich nach einem schrecklichen Morgen spazieren und traf eine andere Mama. Es brach aus mir heraus, wie blöd heute Morgen schon alles gelaufen sei. Ihr schossen Tränen in die Augen, und sie erzählte mir von ihrem Morgen, der kein bisschen besser gewesen war. Wir bekannten unsere Fehler und durften uns Gnade und Vergebung zusprechen. Ich fühlte mich so verstanden und erleichtert und mit ihr verbunden. Ehrlichkeit schafft Beziehung und Nähe. Als Mamas machen wir viele Fehler und oft ist uns auch zum Heulen. Verstecken wir das nicht, sondern zeigen den anderen, dass wir nicht perfekt sein müssen, sondern so sein dürfen, wie wir sind. Vor allem, wenn wir zu Jesus gehören, müssen wir keine Show ablegen, weil er uns immer wieder vergibt und uns sehr liebt, inklusive unserem Versagen.

Was ich als Waffe gegen das Vergleichen gefunden habe, ist das Ermutigen. Das, was man Gutes bei anderen sieht, kann man einfach laut aussprechen. Jeder Mensch wünscht sich gesehen und anerkannt zu werden. Wir sehen oft Dinge, die wir toll an anderen finden, und sprechen sie aber nicht aus. Dabei bringt das so viel Segen und Leben für den anderen Menschen. Dem anderen etwas Gutes zu sagen, setzt mich nicht herab, sondern ehrt den anderen und kommt irgendwann zu mir zurück. Denn was ich säe, werde ich ernten.[15] Ich trainiere mich, eine Mama zu sein, die ein »Wohlgeruch« für die anderen Mamas in ihrer Nähe ist, weil sie gute, ermutigende Worte spricht. Das schafft Nähe und Echtheit und ermöglicht Beziehung. Ein toller Nebeneffekt dabei ist, dass durch so einen Lebensstil wirklich das Beste in uns allen aktiviert wird. Denn wenn uns jemand ein echtes Kompliment macht, werden wir diese Sache auf jeden Fall weiter so gut, wenn nicht noch besser machen. Das Ermutigen ist gleichzeitig auch eine Waffe gegen das »Kindervergleichen«. Wenn mir etwas Tolles an einem anderen Kind auffällt, benenne ich es laut. Das stärkt das Kind in seinem Selbstbewusstsein, freut die andere Mama, und mir hilft es, die positiven Dinge an anderen Kindern zu sehen, nicht nur an meinem eigenen.

Langsam ankommen. Wir haben Zeit

Das erste Jahr mit Baby ist bei all dem Spannenden und Schönen auch ganz schön herausfordernd. Mit voller Unterstützung meines Mannes und mit beiden Familien und vielen Freunden im Ort blieb ich mit meiner Tochter zu Hause. Optimale Voraussetzungen, müsste man denken, und trotzdem war es nicht immer einfach für mich. Ich möchte euch berichten, was mir geholfen hat, so manches Mal nicht den Verstand zu verlieren bzw. die Decke auf dem Kopf zu haben:

Das langsame Ankommen fiel mir eher schwer. Plötzlich in so einer ganz anderen Welt zu sein, in der alles viel langsamer und anders läuft. Ich wollte im Umgang mit meiner Tochter messbare Ziele und konkrete Anleitungen bekommen, was richtig und was falsch ist. Der Drang, alles so richtig und gut wie möglich zu machen, war enorm. Der Wunsch, dass mein Baby alle Dinge auf der Überholspur lernte und meisterte, riesengroß. Ich musste lernen, mein ganzes Denken umzuschalten. Es geht nicht um Leistung. Es gibt keine Verbesserer, Beschleuniger oder Überspringer. Das Baby erlebt und nimmt jeden Moment so, wie er ist. Es ist ein unbeschriebenes Blatt, das jetzt beschrieben wird. Das Baby hat Zeit, es hat keine Termine und kennt keine Eile. Es weiß nicht um Entwicklungsphasen, die es durchlaufen wird. Es ist einfach im Hier und Jetzt. Und zwar mit allen Sinnen. Für mich war es so, wie wenn ich einen Gang oder eher mehrere Gänge aus dem »normalen« Leben zurückgeschaltet hätte. Ich war und bin wirklich in einer anderen Welt. Diese Welt dreht sich gefühlt langsamer und wird intensiv wahrgenommen und erlebt. Alles ist neu und aufregend und muss entdeckt und verarbeitet werden. Und darin ist jeder Mensch und jedes Baby ganz unterschiedlich. Die einen sind superflexibel und kommen mit allem Neuen ganz einfach klar, die anderen brauchen mehr Zeit und Ruhe, um sich all das Neue zu eigen zu machen. Als Mamas müssen wir uns auf unsere Babys einstellen. Wir müssen uns nach ihnen richten, wohl oder übel. Ich wollte am Anfang mit meiner Tochter eher mein Ding durchziehen, so wie ich mir die ganze Sache vorstellte. Das gab ich jedoch schon bald auf, da sie sich lautstark zu Wort meldete. Und das ist ja auch gut so. Unsere Babys werden uns mitteilen, wenn ihnen etwas nicht passt. Wir müssen lernen herauszufinden, was sie uns sagen wollen. Das geht nicht von heute auf morgen und bedarf oftmals Hilfe und Rat von anderen. Aber diese Reise lohnt sich allemal. Lasst euch auf dieses erste Jahr mit Haut und Haaren ein. Genießt diese andere, langsame Welt, in der ihr Zeit habt, für und mit eurem Baby. Lasst euch mit reinnehmen in diesen neuen Alltag, der voller Schönheit und Freiheit ist. Diese Zeit ist einzigartig.

Vom Schlafen bis zum Laufen lernen: Entspanntheit in allen Bereichen

Es gibt im ersten Jahr des Babys so viele Meilensteine, die stattfinden werden. Erst sehnt man sie herbei, und bei manchen kämpft man herum, und dann werden sie ganz schnell Alltag. Im Nachhinein möchte ich euch sagen: Entspannt euch! Euer Baby wird zu seiner Zeit alles lernen, was es braucht. Genießt das, was es jetzt gerade tut und kann, und der nächste Tag wird etwas Neues bringen. Euer Baby hat in vielen Bereichen Stärken und in einigen auch Schwächen. So wie wir auch.

Für mich war das Durchschlafen ein Ziel, das ich mit aller Kraft und verschiedenen Tools verfolgt habe. Vergeudete Mühe, wie ich jetzt sagen würde. Wenn das Kind bereit ist, wird es friedlich schlafen. Bis dahin kann ich ihm Sicherheit, Ruhe, Geborgenheit, Rhythmus und Rituale geben. Und durchhalten. Tagsüber schlafen, wenn das Baby schläft. Und wissen, dass es irgendwann wieder mehr Schlaf geben wird. Bei vielen Babys klappt es nach einigen Monaten mit dem Schlafen oft ganz ordentlich. Bei anderen eher nicht so. Allerdings ist das große Thema von regelmäßigem verlässlichem

Durchschlafen für Babys kein Thema. Zu viele Dinge passieren im ersten Jahr, die sich aufs Schlafen auswirken können: Verdauung, Verarbeitung, Entwicklung, Wachstum, Zähne.

Für die erste Zeit empfahl mir meine Hebamme, dass das Baby ins Elternbett gehört. Ich war aber, warum auch immer, der Überzeugung, dass es das Beste ist, wenn das Baby so schnell es geht im eigenen Bett und am besten im eigenen Zimmer schläft. Wenn ich mir jetzt überlege, dass ich aus dem gemütlichen warmen, engen Bauch meiner Mama rauskomme und dann den halben Tag alleine in ein kaltes, fremdes Bettchen soll und es auch noch dunkel und ganz ruhig ist: »Hilfe!« Aber wenn ich warm und geborgen zwischen meinen Eltern liegen darf und weiß, dass ich immer in der Nähe von Essen und Liebe bin: »Super!« Unsere erste Tochter legte ich dann so bald es ging in ihr eigenes Bett und ihr Zimmer. Es klappte eine Weile gut. Ich war so stolz auf mich! Ich hatte mein Ziel erreicht! In den nächsten Monaten allerdings musste das aufgrund enormer Proteste seitens meiner Tochter immer wieder verändert werden und Gott sei Dank wurde ich auch etwas flexibler. Unsere vierte Tochter haben wir jetzt erst vor ein paar Wochen mit eineinhalb Jahren von unserem Schlafzimmer ins Kinderzimmer verlegt. Wir halten es jetzt so, dass wir versuchen, dass alle Kinder in ihren eigenen Betten schlafen. Wenn sie nachts weinen, gehen wir hin und beruhigen sie, und wenn sie zu uns ins Bett kommen, tragen wir sie nach einer Weile wieder in ihre Betten zurück. Ist ziemlich anstrengend manchmal, aber wir haben dafür oft unser Ehebett für uns allein. Jede Familie hat ganz andere Schlafkonstellationen, vom Familienbett, wo alle gemeinsam auf Matratzen übernachten, bis hin zu getrennten Schlafzimmern, wo jeweils ein Elternteil und ein Kind übernachten. Für jede mögliche Variante gilt, dass sie für eure Familie gut ist, wenn sie für alle Beteiligten gut ist. Sie kann jederzeit verändert werden, vorausgesetzt, ihr als Eltern habt genug Motivation und

> Euer Baby wird zu seiner Zeit alles lernen, was es braucht.

Durchhaltevermögen. Aber auch wenn nicht, wird diese Phase irgendwann vorbei sein. Die Kinder werden lernen, nachts zu schlafen, und auch die Erwachsenen werden wieder mehr Schlaf bekommen. Bis dahin müssen wir durchhalten, und wenn unser Leidensdruck zu groß wird, hin und wieder neue Wege ausprobieren.

Gemeinsamen Rhythmus finden, Rituale schaffen

Ich habe am Anfang versucht, meine Tochter in mein Leben hineinzu-pressen. Das hat nicht funktioniert. Ich musste mir ein neues Leben ein-richten und musste gemeinsam mit meiner Tochter herausfinden, wie unser Rhythmus funktioniert, denn Rhythmus spart Kraft. Indem man Rituale und Struktur in seine Tage einführt, vermittelt man dem Baby Sicher-heit und Geborgenheit. Es weiß ungefähr, was kommt und mit was es zu rechnen hat, und fühlt sich gleich ein Stückchen mehr zu Hause in dieser unsicheren Welt.

Babyrituale im Hause Lauser

Morgens haben wir noch im Bett immer das gleiche Gebet laut gesprochen und haben dem Baby dabei in die Augen geschaut: »Dies ist der Tag, den der Herr gemacht, wir wollen uns freuen und Gott dankbar sein. Oh Herr hilf, oh Herr lass wohlgelingen und segne und beschütze uns. Amen.«[16] Vom Sinn her verstehen es die Babys vielleicht nicht wirklich, aber ihr Geist ist hellwach und nimmt es auf. Und sie lieben Wiederholungen und Rituale.

Auf dem Wickeltisch hat Andi ein Lied erfunden, das wir heute noch singen: »Wir klatschen mit den Füßen, das macht Spaß, wir klatschen mit den Füßen, denn Jesus hat uns unsere Füße gegeben, darum klatschen wir zu seiner Ehre.« Dabei haben wir die Füßchen des Babys zusammengeklatscht. Sie lieben es.

Ich habe gern ein Spiel mit dem Baby gespielt und habe gefragt: »Wer hat dich lieb?« Dann habe ich das Baby mit weit ausgebreiteten Armen umarmt und gesagt: »Die Mama.« »Und wer hat dich noch lieb?«, habe ich gefragt und das Baby mit noch weiter ausgebreiteten Armen umarmt: »Der Papa.« Und wer hat dich am allerallermeisten lieb? »Jesus!!«

Bei Schreianfällen des Babys habe ich vor allem nachts oft versucht, das gleiche Lied zur Beruhigung zu singen: »Ich singe dir ein Liebeslied«, oder einfach laut zu beten, was mir gerade einfiel. Manchmal habe ich mir dann auch gesagt, dass es ja eine gute Möglichkeit ist zu beten: Ich habe Zeit, bin wach, kann nicht weg und habe grad eh nichts anderes zu tun.

Wenn ich mit dem Baby im Kinderwagen spazieren gegangen bin, habe ich ihnen oft erzählt, was ich draußen alles sehe und wie gut und schön Gott alles gemacht hat.

Unser Baderitual sah oft so aus, dass wir das Baby erst ausgiebig gebadet und geföhnt haben, um es danach mit einer Lotion ausgiebig überall zu massieren.

Tage strukturieren

Als die Elternzeit von Andi vorbei war, ging er wieder ganz normal arbeiten, und ich war nun als junge Mama mit dem Baby allein zu Hause. Anfangs (und auch öfter heute noch!) hatte ich an vielen Tagen den Gedanken: »Ich hoffe, dass es bald Abend wird und mein Mann endlich nach Hause kommt.« Ich war genervt davon, daheim rumzusitzen und von der Stille und den immer gleichen Abläufen mit dem Baby. Struktur in die Tage und Wochen zu bringen hilft nicht nur dem Baby, sich wohlzufühlen, sondern auch der Mama. Für mich war das ein Schlüsselelement, als es darum ging, mich wirklich wohlzufühlen in diesem neuen Leben. Ich schreibe gerne Listen. Als ich anfing, mal zu überlegen, wie unsere Tage immer ungefähr ablaufen, und vor allem auch meine Woche einzuteilen, war es ein Stück Freiheit für mich. Ich konnte und durfte mir meine Zeit frei einteilen. Wow, wer kann das schon so wie wir Mamas mit Kleinkindern? Ich schrieb mir einen Wochenplan mit Essensvorschlägen, Einkaufsterminen, Babyterminen, Treffen mit anderen Mamas oder Freundinnen, Putztagen. Ich überlegte mir, was ich diese Woche brauchte, vielleicht einen Abend nur für mich oder mit Andi oder sonst etwas Besonderes. Wir überlegten uns gemeinsam, wie wir die Abendverteilung gestalten wollten mit Fußballtraining, Zumba, Hauskreis, Kirchengemeinderat und Eheabend. Ich teilte mir meine Tage so ein, dass ich regelmäßig Kontakt zur Außenwelt, sprich: anderen Erwachsenen hatte und doch auch genügend Zeit mit meiner Tochter alleine hatte, um »einfach zu sein«.

Ich traue mich ja kaum, es zu sagen, aber ich habe für mich herausgefunden, dass es auch total gut sein kann, einen Termin abzusagen, wenn mir gerade nicht danach ist. Bei mir war (und ist) es öfter so, dass ich Sachen ausmache und es mir dann aber an dem Tag zu viel ist und mich total unter Stress setzt. Früher bin ich dann trotzdem hin und hatte bestimmt manches Mal auch Spaß, aber heute würde ich sagen, dass es ganz viel Freiheit bringen kann, Termine abzusagen. Natürlich ist es blöd und vielleicht auch unfair für den anderen, und es sollte natürlich nicht ständig passieren, aber für mich brachten Absagen oft schon eine richtig gute Zeit mit meinen Kindern. Druck und Terminstress waren weg und wir konnten einfach ganz entspannt sein.

Rausgehen hilft immer

Kinder müssen raus. Egal, ob sie noch klein oder schon größer sind. Am besten jeden Tag und am besten in die Natur. Bei uns im ländlichen Städtchen ist das große klasse. Ein kleiner Spaziergang und schon bin ich in den Feldern und Wiesen oder im Wald. Als Magali ein Baby war, habe ich es sehr genossen, so oft es ging mit ihr spazieren zu fahren. Es war so gut für mich, einfach raus aus der Wohnung zu kommen, und gab mir ein Gefühl der Normalität. Für die Babys ist frische Luft natürlich auch wunderbar. Im Sommer fuhr ich sie oft herum und machte dann Pause auf einer Bank, um mein Buch zu lesen. Traumhaft. Allzu lange klappte die Idylle meist nicht, aber es fühlte sich herrlich an. Hier sei noch bemerkt, dass eins der wichtigsten Accessoires für junge Mamas die übergroße stylishe Sonnenbrille ist. Das habe ich nun endlich auch für mich entdeckt, nachdem ich mich viele Jahre darüber lustig gemacht habe. Es ist optimal: Sobald man seine Sonnenbrille aufzieht, fühlt man sich fast wie ein neuer Mensch. Man fühlt sich entspannter und cooler und gleich viel jünger und obendrein sieht keiner die müden Augen!! Also Sonnenbrille auf und raus!

Babys brauchen vor allem eine entspannte Mama.

Aber nicht nur die Natur bietet vielfältige Attraktionen für Babys und Mamis. Allerhand babyfreundliche Kurse werben um unsere Teilnahme. Dabei brauchen Babys vor allem eins: eine entspannte Mama.

Für mich war am Anfang jeder Ausgang mit Baby ein riesiger Stress. »Habe ich auch alles dabei, macht sie auch gut mit, was soll ich tun, wenn sie schreit, was denken die anderen, klappt das mit den Stillabständen?« Ich habe es trotzdem so gemacht, dass ich mit Magali Babyschwimmen und einen Babymassagekurs besucht habe, weil ich dachte, dass sie gut für sie sind, und weil ich dachte, dass das einfach dazugehört. Außerdem hatte ich ja Zeit. Danach habe ich nur noch einmal mit meiner dritten Tochter

Carlotta einen Babykurs besucht, bei den anderen ergab es sich irgendwie nicht richtig. Es war ja sonst schon eh genug los und ich hatte irgendwie keinen Kopf mehr dafür. Die Kurse, die ich besucht habe, waren aber echt immer toll und taten vor allem mir selbst gut. Mal rauszukommen, einen Termin zu haben, das Gefühl zu haben, meinem Baby etwas Gutes zu tun, mit ihm gemeinsam etwas Besonderes zu erleben, andere Mamis kennenzulernen – das war schön. Mehr Kurse oder Aktivitäten wären für mich zu viel gewesen und hätten mich nur unter Stress gesetzt. Ich möchte euch frischgebackenen Mamas sagen: Euer Kind verpasst nichts, wenn es nicht in jegliche Frühförderung geht. Ihr müsst nicht alles mitmachen, denn euer Kind braucht in Wirklichkeit nur euch, und keine noch so tolle Frühförderung kommt jemals an eine entspannte Mama heran. Ihr werdet merken, wann ihr für was bereit seid. Lasst euch von niemandem und keinen Kommentaren unter Druck setzen, denn ihr kennt euer Baby und euch selbst am besten.

Fremdbetreuung – so wenig wie möglich und so viel wie nötig

Es ist möglich, sein Baby schon mit wenigen Wochen in die Hände von anderen Menschen zur Betreuung zu geben. Es gibt verschiedenste Gründe und Hintergründe hierfür, aber wenn man es nur aus der Sicht des Babys betrachtet, ist es höchst unsicher, von seiner primären Bindungsperson getrennt zu sein. Ich wiederhole mich hier vielleicht, aber es ist einfach die Wahrheit: Das Schönste für das Baby im ersten Lebensjahr ist einfach, nur bei der Mama zu sein. Wenn es nach ihm ginge: 24 Stunden an sieben Tagen die Woche. Am allerbesten geht es dem Baby aber natürlich, wenn es der Mama gut geht und sie freundlich und liebevoll auf es eingeht, den ganzen Tag und die ganze Nacht. Haha. Diese Information setzt uns junge, müde Mamas ja gar nicht unter Druck. Obwohl wir das nie perfekt schaffen werden, können wir aber doch einiges tun, damit wir auch mit Babys dann und wann Zeit alleine für uns haben und so neue Kraft und Freude für sie haben.

Die allerbeste Entlastung für uns Mamas ist definitiv der Papa. Ihn können wir schon von Anfang an mit hineinnehmen, dann gibt es hier und da Möglichkeiten, alleine was für uns zu machen. Natürlich in Erreichbarkeit. Ich erinnere mich noch gut an meinen ersten Tupperabend als frischgebackene Mama. Ich war so stolz und aufgeregt, das erste Mal abends woanders hinzugehen. Circa 45 Minuten lang währte mein Glück und dann rief mein Ehemann mit brüllendem Baby im Hintergrund an.

Wenn die kleinen Babys satt und müde sind, kann man sie auf einen Spaziergang mit Oma, Opa oder Freundin schicken. (Meine Freundin hat mal meine Stimme auf dem Handy aufgenommen und dann abgespielt, als sie spazieren war, damit Magali mich hört.)

Wenn dem größeren Baby schon Leute vertraut sind, kann man diese zu sich nach Hause bitten, weil dort die Umgebung vertraut ist, und für eine kurze Zeit außer Haus gehen.

Der nächste Schritt ist dann, das Baby für eine kurze Zeit bei einer Person zu lassen, wo es sich schon etwas auskennt, wie Oma oder gute Freundin.

Auch hier gilt immer: Ihr kennt euer Baby am besten und wisst, was gut für es ist. Manches Mal ist es ein Abwägen zwischen den Bedürfnissen des Babys und euren eigenen. Manchmal kann es für euer Wohlbefinden so wichtig sein, eine kurze Pause zu haben, dass ihr das Genörgel des Babys bei den anderen in Kauf nehmt, und manches Mal merkt ihr, dass es heute einfach zu viel für euer Baby wäre, und steckt eure eigenen Bedürfnisse zurück. Wichtig ist, das Baby nur bei Menschen und in Umgebungen zu lassen, die es schon kennt und denen ihr zu hundert Prozent vertraut.

Jesus stellt in der Bibel öfter die Kinder in die Mitte. Das ist ein schönes Bild für die grundlegende Einstellung im ersten Jahr als Eltern: Es geht nicht um mich, sondern für diese Zeit steht das Kind in der Mitte. Es braucht uns ganz besonders und ist in allem auf uns angewiesen. Genießen wir diese außergewöhnliche Zeit so gut es geht und gestalten sie als etwas ganz Besonderes für uns und unser Baby.

6. Prägung für ein ganzes Leben – Die Kleinkindphase

Neulich las ich den Satz: »Meine Kinder sind jetzt aus dem Gröbsten raus…«. Da wurde mir bewusst, dass die Kleinkindjahre wirklich die allergröbsten und damit die wichtigsten und prägendsten Jahre von allen sind. Die Jahre, die auch als die anstrengendsten wahrgenommen werden. Die Jahre, in denen die Eltern am meisten gefordert sind, damit die Kinder überleben. Die Jahre, in denen alle wirklich entscheidenden Entwicklungsschritte passieren. In dieser Zeit finden die Sachen statt, bei denen uns unsere Kinder auf jeden Fall brauchen, weil sie es nicht alleine schaffen. Laufen, selbstständig essen, sprechen, aufs Klo gehen usw.

Bei meiner ältesten Tochter, die jetzt bald sieben Jahre alt ist, merke ich deutlich, dass sie in vielem schon eine gefestigte Persönlichkeit hat. Sie hat vieles von dem, was wir ihr beigebracht und anerzogen haben, verinnerlicht und lebt danach. Ihr jetzt noch ganz Grundlegendes zu vermitteln wäre zu spät. Das empfinde ich manchmal als beängstigenden Gedanken und dann aber wieder auch nicht: Wie froh bin ich, dass ich mir Zeit genommen habe, um in ihr Leben zu investieren. Natürlich nicht ohne Fehler, aber ich habe mein Bestes gegeben.

Wir haben jetzt die Gelegenheit, das »Normale« eines Lebens zu prägen. Wir sind live dabei, dass das Fundament eines Lebens gelegt wird. Wenn unsere Kinder einmal erwachsen sind, werden wir Eltern wissen, dass wir einen Teil zu diesem Leben beigetragen haben. Sich das immer wieder vor Augen zu halten hilft, diese feurige Kleinkindphase bewusst zu erleben und bewusst zu genießen. Wie herzerwärmend ist es für alle Beteiligten, wenn man irgendeinen Unsinn zusammen macht und sich vor Lachen auf den Boden wirft. Oder die Musik unmöglich laut aufdreht und wild im Wohnzimmer umhertanzt. Nehmen wir uns zwischen Wutanfällen und Zähneputzkämpfen Zeit für dieses wirklich Wichtige, dann sind unsere Tanks und Akkus gefüllt für den bunten Alltag.

Prioritäten setzen

Im Familienleben geht es oft darum, Prioritäten zu setzen. Ich möchte meinen Kindern jetzt eine tolle Kindheit schenken und ganz bewusst und aktiv unser Leben gestalten. Ich versuche, unseren normalen Alltag gut am Laufen zu halten und darauf zu achten, dass wir viel Zeit miteinander verbringen. Ich muss nicht arbeiten, weil Andi genug verdient, dass wir davon leben können. Ich bin da. Zumindest körperlich anwesend. Als Vollzeitmama steht man immer in der Gefahr, zwar körperlich präsent zu sein, aber doch nicht wirklich. Smartphone vor dem Gesicht, Putzlappen in der Hand, Wäschekorb daneben, Kaffeetasse auf dem Tisch. Ich muss immer wieder kämpfen, mir Zeit einzuplanen, um wirklich ganz bewusst was mit meinen Mädels zu machen, nicht nur nebenbei.

Ich weiß genauso aber auch, dass es Mamas gibt, die arbeiten müssen, weil sonst das Geld für die Familie nicht reicht. Ich möchte euch Danke sagen, dass ihr euer Bestes für eure Familie gebt, oft auch über eure Grenzen hinaus. Ich möchte euch Danke sagen, für eure Liebe und euer Herz, das ihr in eure Kinder investiert, obwohl ihr noch so viel anderes zu tragen habt. Ich denke, dass es gar nicht das Entscheidende ist, ob ich als Mama zu Hause bin oder teilweise bzw. ganz arbeite. Das Wichtigste ist, dass ich die Familie als meine Priorität habe. Dass meine Kinder merken und erleben, dass sie für mich vor allem anderen ihren Platz haben. Dass ich als Mama so gut es geht darauf achte, dass es mir selbst gut geht und dass es mir möglich ist, meine Familie zu gestalten.

Ich weiß, dass es für manche von uns Frauen wichtig ist, neben ihren Kindern auch noch einer anderen Arbeit nachzugehen. Damit man auch mal mit Erwachsenen sprechen kann und Dinge tun kann, die nichts mit Babys zu tun haben. Wo man merkt: Hier weiß ich, was ich tue. Hier

> Es ist nicht entscheidend, ob die Mama zu Hause ist oder arbeitet. Das Wichtigste ist, dass die Familie Priorität hat.

bekomme ich Anerkennung. Ich finde, die Frage nach der Vereinbarkeit von Beruf und Familie bräuchte einen anderen Fokus: Wie kann ich meine Kinder exzellent erziehen und für sie da sein während den wichtigsten Jahren ihres Lebens und dabei irgendwie meinen Anschluss an die Berufswelt behalten? Wenn es mir als Mama wichtig ist zu arbeiten, während ich kleine Kinder habe, werde ich einen Weg finden, die Arbeit den Kindern anzupassen und nicht andersherum. Diese kleinen, uns anvertrauten Menschen brauchen uns vor allem jetzt so dringend. Ich finde, es lohnt sich hundertfach, die Priorität auf sie zu setzen und nicht auf das Geld oder die Karriere. Ich kenne viele ältere Menschen, die sich wünschen, mehr Zeit mit ihren kleinen Kindern verbracht zu haben. Dagegen bin ich noch keinem älteren Menschen begegnet, der sich dazu beglückwünscht, so viel gearbeitet zu haben, als seine Kinder noch klein waren. Sie können die Zeit nicht zurückdrehen, aber wir können heute von ihnen lernen.

Jetzt beginnt Erziehung

Wann genau die Erziehung eurer Kinder beginnt, werdet ihr am besten selbst wissen, da jedes Kind anders ist. Wir als Eltern können miteinander darüber sprechen und dann fröhlich unsere Ideen ausprobieren. Wir werden relativ schnell merken, ob dies oder jenes funktioniert und angemessen ist. Aber wir können uns entspannen: Wir dürfen Fehler machen und dann wieder etwas anderes probieren. Früher hätte ich immer gesagt, dass es genau einen richtigen Weg gibt, Kinder zu erziehen, und ganz viele falsche Wege. Und der richtige Weg ist natürlich der, den ich gehe. Heute würde ich sagen, dass es ganz viele unterschiedliche Wege gibt, Kinder gut zu erziehen. Ich lerne tolle Kinder kennen, deren Eltern sehr unterschiedliche Ansichten haben und Erziehung ganz unterschiedlich gestalten. Ich habe das Gefühl, dass es letztlich gar nicht so wichtig ist, wie genau man mit verschiedenen Dingen umgeht und was man seinen Kindern erlaubt oder nicht. Ich habe den Eindruck, dass es darum geht, dass die Kinder spüren und erleben: Ich bin geliebt. Ich bin meinen Eltern wichtig, und sie freuen sich, dass ich da bin. Es gibt klare Grenzen und damit Sicherheit für mich und andere. Alles andere sind eher Kleinigkeiten und je nach Papa und Mama eben ganz unterschiedlich.

Andi und ich möchten die Herzen unserer Kinder gewinnen. Wir möchten eine sehr gute Beziehung zu ihnen aufbauen und behalten und wollen, dass sie unser Herz kennenlernen und aus eigenem Antrieb das tun wollen, was uns nicht wehtut. Und ich möchte ihr Herz kennenlernen und mein Bestes tun, dass es nicht verletzt wird. Das ist das Endziel und Kernstück unserer Erziehung. Alles andere soll sich darunter unterordnen.

Im Folgenden stelle ich einige Punkte vor, die uns in der Erziehung unserer Mädels wichtig sind.

Selbstständigkeit: Uns ist es wichtig, dass unsere Mädels so selbstständig sind wie möglich. Wir möchten sie von Anfang an befähigen, selbst zu denken und zu handeln. Da wir eine große Family sind, ist Selbstständigkeit für uns nötig, damit der tägliche Betrieb läuft. Wenn eine Tochter zu mir kommt und mir ihren Frust kundtut: »Mama, ich habe so Durst!«, oder »Mama, die Tiana hat mir was weggenommen!«, ist meine erste Reaktion fast immer: »Was kannst du da jetzt machen?« Sie lernen, dass sie selbst für sich verantwortlich sind, aber sich gerne Hilfe holen dürfen, wenn sie diese brauchen. Meist überlegen sie kurz und sagen dann: »Mama, kannst du mir bitte etwas zu trinken geben?«, oder »Mama, was soll ich machen, wenn mir jemand was wegnimmt?« Ich gebe ihnen etwas zu trinken und bespreche mit ihnen, wie man Konflikte lösen kann. Ich schlage dann z. B. vor, entweder die Schwester abzulenken und ihr etwas anderes anzubieten oder selbst einfach mit etwas anderem weiterzuspielen. Das Kind kann nun selbst entscheiden, was es machen will, und hat hoffentlich für das nächste Mal etwas gelernt.

Was für uns auch zur Selbstständigkeit gehört, ist das Vertrauen der Kinder in ihre Fähigkeiten. Manche Eltern sind sehr besorgt, behütend und warnen ihre Kinder davor, neue Dinge überhaupt erst zu versuchen. Vielleicht weil sie ihnen zu gefährlich erscheinen oder ihre Kinder daran scheitern könnten. Das ist sicher in manchen Situationen angemessen und wichtig. Wir möchten aber unseren Kindern auch beibringen, sich selbst etwas zuzutrauen und Vertrauen in die eigenen Kräfte zu entwickeln. Wir lassen unsere Kinder so manches ausprobieren, auch schon, wenn sie noch klein sind. Wir lieben es, sie dabei anzufeuern und ihnen zu sagen: »Du schaffst das!« Dadurch, dass sie mutig sein dürfen, ermöglichen wir ihnen unvergleichliche Erfahrungen. Gute wie auch schlechte. Wir erlauben ihnen z. B. so hoch zu klettern, wie sie können, natürlich mit angemessener Absicherung unsererseits. Wir erlauben, dass sie am Wasser spielen und nehmen – unter genauester Aufsicht – in Kauf, dass sie auch hineinfallen könnten. Was wir ihnen aber vor allem ermöglichen, sind Erfolgserlebnisse, weil sie nach der Überwindung und der Anstrengung den Sieg erleben, der sie dann vor Stolz und Freude über beide Ohren strahlen lässt. Sie lernen aus dieser Erfahrung, dass sie aus eigener Kraft ziemlich viel schaffen können, und trauen sich für die nächste Herausforderung noch etwas mehr zu. Natürlich kennen wir als Eltern unsere Kinder gut und wissen, was zu viel ist und wie viel wir ihnen erlauben und zutrauen können. Aber generell gilt: Wenn wir Eltern unsere Angst ein wenig überwinden und unseren Kindern zutrauen, dass sie eigene Erfahrungen sammeln dürfen, werden sie hinterher klüger, stärker und selbstbewusster sein. Sie lernen ihre Grenzen am eigenen Leib kennen und dürfen erleben, was alles in ihnen steckt.

Problembestimmung: Bei uns gilt das Prinzip, dass es für jedes Problem jemanden gibt, der dafür verantwortlich ist. Ich komme z. B. ins Kinderzimmer und eine Mehlpackung liegt angefressen und verstreut auf dem Boden. Ich atme tief durch und trommle meine Töchter zusammen, um herauszufinden, wem dieses Problem gehört. Als sich schließlich der Besitzer gefunden hat, muss er natürlich das Problem lösen. Ich versorge ihn mit Staubsauger, Putzlappen und natürlich guten Ratschlägen, sofern das gewünscht ist. Nach wenigen Minuten ist das Spektakel vorbei.

Ich schenke mir so schnell Sprudel ein, dass alles überläuft und auf dem Tisch landet. Carlotta: »Oh nein, Mama, du hast ein Problem!«

Die Lautsprecherbox im Wohnzimmer ist ganz blau angemalt: »Oh nein! Wessen Problem ist das?«

Im Optimalfall kann ich ganz ruhig bleiben, weil ich ja weiß, dass es nicht mein Problem ist. Manchmal rege ich mich trotzdem kurz auf, wenn schon wieder die Spielküche unter Wasser steht. Aber diese Taktik, mit Problemen umzugehen, ist generell sehr entspannend für uns. Kinder sind Experten darin, Probleme zu verursachen. Helfen wir ihnen doch dabei, auch Experten darin zu werden, Probleme zu lösen. Ich bin oft erstaunt und überrascht, wie gut und kreativ meine Töchter ihre Probleme lösen können. Und uns macht es manchmal sogar Spaß, sie beim Lösen zu begleiten: Es stärkt die Beziehung, und es ist schon ein bisschen eine Genugtuung für unseren Gerechtigkeitssinn, ihr Frustweinen zu erleben, wenn sie die ganze Wand von Wachsmalstiften befreien müssen. Als Eltern hat man viel Gelegenheit, sich Gelassenheit anzutrainieren. Aber es ist auch für alle anderen Beziehungen sehr hilfreich zu begreifen, dass ich nicht für die Probleme von anderen verantwortlich bin.

Entscheidungen: Wir versuchen, unseren Mädels Entscheidungen anzubieten. Oft genug besteht der Alltag aus Anweisungen oder Befehlen: »Wasch deine Hände. Trag das raus. Finger aus der Nase.« Und vieles mehr. Es ist für mich als Mama nervig, immer nur im Kommandoton unterwegs zu sein und für die Kinder auch nicht gerade ein Ton zum Wohlfühlen. Wenn man das, was zu tun ist, in eine kleine Entscheidung umformuliert, hat das Kind das Gefühl, dass es auch etwas mitbestimmen darf, und lernt Entscheidungen zu treffen. »Soll ich dir die Zähne erst oben oder unten putzen?«, »Sollen wir die Haare 10- oder 20-mal kämmen?«, »Willst du erst den Teller oder den Löffel in die Küche tragen?«, »Soll ich dich tragen oder willst du laufen?« Wir sind immer noch dabei, das konsequent durchzuführen, es erfordert gute Ideen und Kreativität. Wenn das Kind sich für eins entschieden hat, sollte man natürlich auch dabeibleiben. Der Klassiker hier für kleine Kinder ist die Frage: »Spaß oder Sessel?« Wenn das Kind einen Wutanfall hat und lautstark ausrastet, fragen wir es, ob es Spaß haben möchte, also bei uns bleiben möchte oder lieber in den Flur auf den Sessel gehen will. (Man kann auch was anderes nehmen, Hauptsache, es herrscht ein wenig Abstand. Der Ort sollte aber nicht zu weit weg sein und alle Türen sollten offen sein.) Wenn es sich beruhigt: »Super, da können wir ja alle wieder zusammen Spaß haben!«, wenn nicht, dann fragen wir es: »Willst du laufen oder soll ich dich tragen?«, und bringen es auf den Sessel. Die Taktik sollte man mit möglichst freundlichem Ton herausbringen. Man kann noch dazu sagen: »Egal, wie du dich entscheidest, ich habe dich lieb.« Das Kind lernt, dass es tatsächlich entscheiden kann und muss, wie es sich verhalten soll. Und mit den Konsequenzen zu leben. Wir Erwachsenen lernen Selbstbeherrschung. Wir sind da ständig am Üben. Leichter ist es, wenn man sich gemeinsam als Eltern dabei unterstützt und abwechselt, weil man umso ruhiger bleiben kann und sogar das eine oder andere Witzchen reißen kann, während das Kind tobt.

Freiheit: Oft denkt man, dass das oberste Ziel von Erziehung totaler Gehorsam gegenüber den Eltern sein soll. Gott geht mit uns als seinen Kindern dagegen ganz anders um. Er hat uns geschaffen mit einer Fähigkeit zu entscheiden. Er möchte, dass wir Entscheidungen treffen, die richtig und gut für uns sind. Er zwingt uns nicht dazu, den Weg zu gehen, den er will. Er wünscht sich, dass wir auf das hören, was er uns sagt, aber er bestraft uns nicht dafür, wenn wir es nicht tun. Im Alten Testament war das so, aber seit Jesus am Kreuz war, ist diese Strafe für Sünde bezahlt. So wollen auch wir unsere Kinder nicht nach dem alten Bund, sondern dem neuen Bund erziehen. Wir wollen sie nicht kontrollieren, unter Druck setzen oder zwingen, damit sie das tun, was wir wollen. Wir wollen sie dazu befähigen, dass sie lernen, gute Entscheidungen für ihr Leben zu treffen. Die Wahrheit ist, dass wir sie jetzt noch kontrollieren können, aber wenn sie älter werden und wir nicht mehr überall dabei sind, wo sie hingehen, funktioniert Kontrolle überhaupt nicht mehr. Wir wollen deshalb ihre Herzen gewinnen, damit sie wissen und verstehen, dass wir es gut mit ihnen meinen. Wir wollen den Wunsch in ihren Herzen wecken, diese Liebe zu erwidern und deshalb gute Entscheidungen zu treffen.

So habe ich schon öfter erlebt, dass meine Töchter zu mir kamen und mir Dinge erzählt haben, bei denen ich nicht dabei war: »Ich hab kein Eis genommen, weil ich wusste, dass du das nicht möchtest.« »Mama, ich hab grad im Bad kein Wasser verschwendet.« »Mama, ich muss dir was sagen: Wir haben eine Sauerei gemacht und aber schon wieder aufgeputzt.«

Und auch wenn ich dabei bin, macht mir diese Ansicht manches leichter. Bei uns gibt es die Regel: Wer sein Geschirr abträgt und sich den Mund und die Hände wäscht, bekommt nach dem Mittagessen etwas aus der Süßigkeitenbox. Wenn z. B. Kayla ihr Geschirr auf dem Tisch stehen lässt, rufe ich ihr hinterher: »Ich trag deine Sachen jetzt raus.« Meist kommt sie blitzschnell angerannt und sagt: »Nein, Mama!« Wenn sie aber meine Aussage ignoriert und nicht kommt, muss sie später die Konsequenz tragen, wenn alle ihre Süßigkeiten bekommen und sie nicht.

Um zu erziehen, brauchen wir Erwachsenen enorm viel Kraft, Humor und Selbstbeherrschung. Es ist härteste Arbeit, mit einem wütenden Kleinkind umzugehen, das tobend und heulend vor einem strampelt. Aber es ist unbedingt notwendig und es lohnt sich allemal. Wenn Mann und Frau gemeinsam an dieser Aufgabe dran sind, macht sie mitunter auch richtig Spaß. Zu sehen, wie die Kinder ertragen können, dass sie kein Nutella haben können, weil sie zuvor nicht den Boden aufgeräumt haben. Zwar nach einem langen Wutgewein und -gezeter, aber dann schließlich sitzen sie lammfromm auf dem Schoß und fühlen sich so sicher und geliebt wie nie. Kinder müssen wissen, dass sie sich auf das, was wir sagen, verlassen können. Sie brauchen Grenzen, weil ihnen das so viel Sicherheit gibt. Einen Trotzanfall auszuhalten, fest zu bleiben und nachher zu sehen, dass es wieder ganz normal geht, ist ein enormer Sieg.

> Um unsere Kleinkinder zu erziehen, brauchen wir enorm viel Kraft, Humor und Selbstbeherrschung.

Es ist nicht jeder Tag gleich anstrengend, manche sind auch total easy und es klappt alles wunderbar. Aber vielleicht ist gerade das der Lohn von den anderen Tagen, an denen man höchst aufreibende Erziehungsarbeit geleistet hat.[17]

Gespräche mit Kindern

Ich liebe es, mit meinen Kindern zu reden. Ich rede und erkläre und lamentiere den ganzen Tag. Da ist wohl ganz gut, dass ich nur Mädels habe, wobei es manchen von ihnen auch öfter zu viel Gelaber ist. Ich denke, dass es ganz wichtig und entscheidend ist, wie und was wir mit unseren Kindern sprechen. Auch schon mit den kleinsten. So legen wir eine Verbindung zu ihnen und wissen, was sie bewegt und was in ihrem Leben passiert. So können wir auch Einfluss darauf nehmen, wie sie die Welt sehen und wie sie mit Situationen und Menschen umgehen.

Wir haben es immer so gehalten, dass wir von Anfang an ganz normal mit den Kindern gesprochen haben und nie Begriffe wie »Bubu«, »Lulu« oder Ähnliches verwendet haben. Jede von den Mädels hat unterschiedlich schnell oder langsam sprechen gelernt, dann aber gleich mit den richtigen Wörtern. Wir erklären unseren Kindern diese Welt. Mir ist es wichtig, dass sie entdecken und verstehen und dass sie wissen, dass sie uns alles fragen können. Ich möchte meinen Kindern die Wahrheit sagen, auch wenn sie unbequem oder etwas peinlich ist. Dabei versuche ich, kindgerechte Wörter und Erklärungen zu finden, sage ihnen aber auch, dass ich vieles nicht weiß oder auch nicht wirklich verstehe. Ich finde es wichtig, in allen Bereichen von Anfang an zu lernen, sprachfähig zu sein. Gerade bei den besonderen Themen wie Sexualität, Schimpfwörter oder Beziehungs- und Freundschaftsthemen. Wie soll ich mit meinem Teenager irgendwie im Gespräch bleiben, wenn wir es nicht von Anfang an eingeübt haben?

Wie soll ich mit meinem Teenager im Gespräch bleiben, wenn wir es nicht von Anfang an eingeübt haben?

Natürlich ist es wichtig einzuschätzen, was man wann mit welchem Kind bespricht, da gibt es keine Patentrezepte. Gerade deshalb ist es so wichtig, sein Kind gut zu kennen und zu wissen, für was es wann bereit ist. Das gilt für alle möglichen Bereiche im Leben mit Kindern. Ich bin nur Expertin für meine Kinder, nicht für eure. Ich kann euch von mir erzählen, aber ob das für eure Kinder so passt, müsst ihr entscheiden. Oft müssen wir ausprobieren, beobachten und dann verändern und anpassen. Jede Situation, jedes Kind und jede Phase verlangt etwas anderes. Es ist gut, unsere Kinder zu kennen, uns Hilfe zu holen, mit dem Partner zu beraten und Jesus um seine Weisheit zu bitten. Ohne ihn bekommen wir diese riesige Aufgabe der guten, ausgewogenen Erziehung nicht hin.

Ich bin auch ein Fan davon, Fragen zu stellen, anstatt Antworten vorzugeben. Wenn mir eine meiner Töchter eine Frage stellt, frage ich oft zurück: »Was denkst du denn?« So lernen sie, selbst zu denken und kreativ zu sein.

»Wir als Eltern sind Propheten für unsere Kinder«, habe ich mal irgendwo gehört. Wow, das stimmt. Was wir ihnen sagen, das glauben sie. Daher möchte ich Identität, Berufung und Wahrheit in ihr Leben sprechen: »Du bist das Licht der Welt. Du bist eine Königstochter. Du bist nie alleine. Du hast so viel Liebe und Freude. Du bist tapfer und mutig. Du veränderst die Welt. Du schaffst das. Jesus ist mit dir und freut sich so an dir. Sein Lächeln strahlt über dir.« Auch wenn wir das manchmal anders erleben oder anders von unseren Kindern denken. Es ist biblische Wahrheit, die wir über ihrem Leben aussprechen. Und in Römer 4,17 steht, dass Gott das ins Dasein ruft, was vorher nicht da war. Welche Kraft unsere Worte doch haben, die mit dem Wort Gottes übereinstimmen!

Bei Aussagen der Kinder, wie »Du bist doof« oder »Du bist die blödeste Mama der Welt«, frage ich oft: »Was willst du eigentlich sagen? Was stört dich?« Wir versuchen, gemeinsam die Ursache herauszufinden, was eigentlich los ist. Ich lehre sie, wirklich zu sagen, was sie aufregt, anstatt Schimpfworte zu benutzen. »Mich nervt, dass ich jetzt keine Gummibärchen mehr bekomme.« Es ist genial, wenn wir es schaffen, uns nicht über das Verhalten unserer Kinder aufzuregen, sondern uns stattdessen um die Ursache kümmern. Manchmal frage ich auch: »Ist das die Wahrheit oder ist das eine Lüge?«, und finde dann mit ihnen heraus, dass niemand tatsächlich doof ist. Danach überlegen wir gemeinsam, was denn die Wahrheit ist und wie Gott jeden Menschen sieht.

Wir haben ja nur Mädels, und deshalb finde ich es bei ihnen besonders wichtig, ihnen von Anfang an zu sagen, dass sie wunderschön sind. Jede auf ihre ganz eigene Art. Die Sommersprossen, die Locken, die glatten Haare, die braune Haut, die helle Haut, die Leberflecken, die Muttermale, die Narben und Besonderheiten. Gott hat sich jede Einzelne genau ausgedacht, weil er einen Plan mit ihr hat. Es ist nicht zufällig so. Andi massiert die Mädels manchmal abends und dankt Jesus für jedes einzelne Körperteil, weil er es so schön geschaffen hat. Das gibt ihnen eine gute Körperwahrnehmung und ein starkes Selbstbewusstsein.

Ich liebe es auch, meine Liebe in Worten auszudrücken: »Ich habe dich so lieb. Ich bin sehr stolz auf dich. Du bist wirklich meine beste Tiana. Ich habe echt die allerbesten Mädels auf der Welt. Ich finde, dass ihr richtig tolle Mädels seid.« Da strahlen die Augen und das Gesicht leuchtet auf. Genial ist auch, wenn ich sage: »Carlotta, ich muss dir was Wichtiges sagen, schau mich bitte mal an.« Oft fordert man den Augenkontakt ein, wenn man mit ihnen schimpft oder ihnen etwas »eintrichtern« möchte. Und dann sage ich zu ihr, während ich ihr direkt in die Augen schaue: »Ich habe dich ganz arg lieb.« Am wirkungsvollsten ist das, wenn sie grade Mist gebaut haben. Wenn man das hinkriegt, lernen sie so etwas Wichtiges: Liebe, die nicht auf meiner Leistung basiert. So wie das bei Gott auch ist.

> Der Blick- und Augenkontakt mit unseren Kindern ist entscheidend wichtig. Damit wir sie kennen, müssen wir sie anschauen und sie studieren. Meine Herausforderung ist es immer wieder, mich zu den Kindern herunterzuknien, auf ihre Augenhöhe zu gehen und ihnen zuzuhören und mit ihnen zu sprechen, statt dabeizustehen und das Handy vor dem Gesicht zu haben.

Verschiedene Entwicklungsphasen

Alle unsere Kinder machen immer wieder verschiedene Entwicklungsphasen durch. Bei einer unserer Töchter war das mal so: Eine Zeit lang spielte sie einfach verrückt. Sie wachte nachts schreiend auf, schmiss sich auf den Fußboden, schlug mit Händen und Füßen um sich und war durch nichts zu beruhigen. Gott sei Dank war uns schnell klar, woran das lag: Einige Tage zuvor hatte sie eine kleine Schwester bekommen, und das war wohl ihre Art, diese große Veränderung zu verarbeiten. Das ist natürlich nicht immer so, jedes Kind reagiert ganz unterschiedlich auf die Ankunft eines neuen Geschwisterchens.

Bei allen Kleinkindern löst eine Phase die nächste ab. Mal ist es das körperliche Wachstum, mal motorische Fortschritte, mal äußere Veränderungen, manchmal sind es innere Veränderungen, emotionale Zusammenhänge oder kognitive Entwicklungen. Manches sehen und bemerken wir relativ schnell, bei anderem brauchen wir eine Weile, bis wir dahinterkommen, was los ist.

Zu Beginn einer neuen Phase ist es bei uns oft so, dass wir nach ein paar Tagen merken, dass irgendwie was anders ist und der Frieden zu Hause nicht mehr da ist. Sei es, dass die Kinder nachts viel unruhiger als sonst sind oder tagsüber fast nur schreien und streiten oder dass sie relativ still sind und nur rumliegen. Wir beide fühlen uns ausgelaugt und genervt. Dann setzen wir uns zusammen und überlegen, was denn eigentlich los ist. Wir sprechen über die allgemeine Situation und was uns auffällt. Hat ein Kind eine besondere Fähigkeit gelernt oder ist gerade dabei, etwas zu lernen? Zum Beispiel Töpfchen-Training oder viele neue Wörter. Gibt es besondere Vorkommnisse? Zum Beispiel viele Feste, Umzug oder Urlaub. Steckt etwas Körperliches dahinter? Zum Beispiel Zähne oder Wachstumsschub. Macht einem Kind irgendetwas besonders zu schaffen? Zum Beispiel Angst, Trauer oder Eifersucht. Liegt es an uns Eltern? Zum Beispiel erhöhter Stress. Wenn wir eine Vermutung haben, überlegen wir, wie wir damit umgehen können bzw. was in unserer Hand liegt, die Situation zu verändern.

Danach überlegen wir uns eine »Strategie«. Manchmal verändert sich die Situation und das Verhalten nur dadurch, dass wir Eltern innere Klarheit und einen Plan haben. Kinder spüren intuitiv, ob wir Eltern von dem, was wir tun, selbst überzeugt sind, und ich glaube, dass es ihnen Sicherheit und Halt gibt. Bei unserer tobenden Tochter merkten wir, dass wir nichts anderes tun konnten, als ihr zu zeigen, dass wir sie lieb haben und dass wir da sind. Also saßen wir beide auf dem Sofa, schauten ihr zu und sagten ihr (trotz des ohrenbetäubenden Gebrülls), dass wir sie lieben, und hofften und warteten danach, bis sie sich wieder beruhigt hatte. Es wurde besser. Solch eine neue »Strategie« sollte man aber nur durchziehen, wenn es beiden Eltern gut geht und sie die Kraft dazu haben. Wir hatten öfter neue Strategien, z. B. beim Thema, wie die Kinder in ihren eigenen Betten schlafen lernen sollten. Aber unsere Erfahrung zeigt: Etwas Neues kann man nur einführen und dann auch durchhalten, wenn man wirklich dazu bereit ist. Sonst ist es verschwendete Kraft. Lieber wartet man bis zu einem späteren Zeitpunkt oder bis der Leidensdruck zu groß wird und startet dann voll durch. Unsere Kinder merken gleich, wenn wir etwas von ihnen wollen, aber innerlich gar nicht wirklich dahinterstehen oder bereit sind, es auch durchzusetzen.

Oft wenn ich bemerke, dass es irgendwie gerade sehr anstrengend ist, frage ich Jesus, was denn los ist. Ich nehme mir Zeit und schreibe dann auf, was mir so in den Kopf kommt. Schon manches Mal fiel es mir danach wie Schuppen von den Augen, und ich wusste, dass eine Tochter mehr Ruhe oder mehr Zeit alleine mit mir braucht oder etwas ganz anderes verarbeitet.

Als eine Tochter anfing, andere Kinder zu beißen, rief ich eine Mama an, von der ich wusste, dass ihr Kind auch ein »Beißer« gewesen war. Ich teilte mein Leid und fragte sie um Rat und ihre Erfahrung. Ihre erprobten Ratschläge waren super für mich und noch mehr ihre Versicherung, dass das Beißen irgendwann auch wieder aufhört. Andere nach praktischen Tipps zu fragen oder auch professionelle Hilfe in Anspruch zu nehmen ist Gold wert. Man bekommt neue Ideen und die Gewissheit, dass man nicht alleine ist. Und Hoffnung, dass auch diese Phase einmal zu Ende gehen wird und dass Gott immer noch einen guten Plan mit meinem Kind hat.

Ein besonderer Platz für jedes Kind

Jeder Mensch braucht das Wissen, dass er wichtig ist. Dass er einzigartig ist. Kinder stehen ganz am Anfang ihrer Identitätsbildung und suchen ihre Rolle in der Welt zuallererst in der Familie. Wir als Eltern wurden ausgewählt, um mit ihnen gemeinsam zu entdecken, wozu sie geschaffen wurden. Wir dürfen auf dem Weg gemeinsam mit ihnen sein, ihre Gaben, Stärken und Schwächen herauszufinden. Das fängt schon jetzt an, wenn sie noch klein sind. Jetzt wird maßgeblich ihr Denken über und von sich selbst geprägt. Wir dürfen unsere Kinder erleben und uns von Jesus für jedes einzelne Kind eine Vision, das größere Bild über ihrem Leben, geben lassen.

Bei uns Lausers sieht das so aus:

Magali: »Die Perle.« Eine Freundin sagte über sie als Baby, dass sie schon früh mit dem Heiligen Geist gefüllt sein wird. Sie liebte schon immer Musik, singt von Herzen gerne und erfand schon als ganz kleines Mädchen eigene Lobpreislieder auf dem Trampolin. Sie ist eine Anführerin, kann super mit Menschen umgehen und ihr Licht strahlt direkt aus ihrem Herzen in die Welt.

    Kayla: »Die Krone.« Eine Freundin schrieb einmal auf, dass sie wie Königin Ester sein wird. Schön, tapfer und mutig. Einmal bekam sie ein Figürchen geschenkt, das einen Blumenstrauß in der Hand hielt, und wie diese Figur hat sie einen Blumenstrauß voller Liebe für Menschen und Tiere in ihrem Herzen. Sie hat eine ganz besondere Körperbeherrschung und ist sehr stark und sportlich. Sie ist sehr einfühlsam, voller Freude und hat ein gutes Rhythmusgefühl.

    Carlotta: »Die Kraftvolle.« Seit sie geboren ist, bringt sie Leben in unser Haus. Sie sprüht vor Energie und Stärke. Ihre Patentante meinte, dass sie wohl eine Lupe und ein Fernglas von Gott geschenkt bekommen hat, mit denen sie besondere Dinge sehen kann. Sie wird geistliche Erdbeben auslösen, wie sie auch jetzt schon öfter die sichtbare Welt erbeben lässt. Vor Entzückung oder vor Missfallen. Ich fügte kürzlich noch die Bezeichnung »die Sanftmütige« zu ihrer Beschreibung hinzu, weil ich dachte, dass ein wenig davon gut wäre. Sie hat ein schelmisches zuckersüßes Lächeln, dass jeden vom Hocker haut.

Tiana: »Die Gesalbte.« Unsere vierte Prinzessin. Jeden Tag danke ich Gott für ihre Empfängnis, Schwangerschaft und Geburt und gebe Jesus die Ehre dafür. Sie bringt so viel Freude, Lachen und noch mehr Liebe in unsere Family. Sie kann andere super anfeuern, ist sehr hilfsbereit und total mutig.

Damit den Mädels ihre ganz eigenen Merkmale bewusst sind und sie sie vor Augen haben, braucht man einfache kindgerechte Möglichkeiten zur Gestaltung. Wir sagen ihnen, was sie charakterisiert, sooft sich eine gute Möglichkeit dazu ergibt, oder beten es immer mal wieder für sie. Ich habe jeder Tochter einen schönen bunten Stuhl gestaltet, auf dem ihre Klamotten immer abgelegt werden, dort habe ich ihre Besonderheiten aufgeschrieben und so gut ich konnte aufgemalt. Wer kreativ ist, hat viele Möglichkeiten, die Individualität seiner Kinder bildlich zu gestalten. Man kann sich ein passendes Symbol, Wort oder Tier für jedes Kind ausdenken und dies immer wieder auch im Alltag verwenden. Es kann ein ganz eigenes Kunstwerk mit verschiedensten Arten von charakteristischen Bildern oder Gegenständen für das Kind gestaltet und bei ihm aufgehängt werden.

Ich bin schon gespannt, was wir noch alles über unsere Mädels herausfinden dürfen, je älter sie werden. Natürlich kommen zu diesen Beschreibungen ihrer Persönlichkeit auch noch allerhand andere Bereiche dazu: das Aussehen, die Folge in der Geschwisterkonstellation[18], ihre Persönlichkeitsstruktur, ihre Art Liebe zu empfangen und zu geben und ganz vieles andere. Wir benennen diese Unterschiede und stellen aber immer sicher, dass jeder weiß, dass er so, wie er ist, geliebt und ganz genau richtig ist.

Praktische Gestaltung des Kleinkindalltags

Für den oft stressigen Alltag mit Kleinkindern empfiehlt es sich, einige Dinge einzuführen, die etwas mehr Ruhe reinbringen. Diese und einige andere Tipps aus unserem Leben möchte ich euch gerne hier weitergeben.

Ich versuche, jeden Tag eine Mittagspause für uns alle durchzuziehen. Jedes Kind muss sich eine bestimmte Zeit lang in seinem (oder einem anderen) Zimmer alleine beschäftigen, wo ich ihnen verschiedene Dinge anbiete, wie einen Ting oder Tiptoi-Hörstift, Puzzle, CD, Malbuch oder etwas anderes, das sie eine Weile beschäftigt sein lässt. Wenn man das Konzept erklärt und ein paarmal durchgehalten hat, gewöhnen die Kinder sich daran, und man kann die Zeit verlängern. Diese Zeit ist total wichtig für mich, und ich sage, sie ist es auch für die Kinder. Sie finden das nicht, aber nach einer Pause voneinander hat man nachher wieder mehr Lust und Freude, etwas gemeinsam zu machen.

Wir als Familie sind ein Team und in einem Team hat jeder seine Aufgabe. Wir überlegen uns Dinge, die die Kinder jeden Tag selbst erledigen können und die einen Nutzen für alle haben: Treppe putzen, leere Plastikflaschen heruntertragen, Besteck einsortieren, unter dem Tisch saugen, Trockner ausräumen usw.

Wir möchten unseren Kindern eine Kindheit schenken, in der sie viel Zeit zum Spielen haben und Zeit, einfach sein zu dürfen: zu Hause oder draußen in der Natur. Ich achte darauf, dass wir so wenig Terminstress und so viel Freizeit und Freiheit wie möglich haben.

Ich finde es wichtig, dass meine Kinder wissen, wie sie sich wehren können. Sie sollen nicht schlagen oder andere verletzten. Aber wichtig ist, dass sie »Nein« und »Stopp« sagen können. Sie dürfen den anderen am Handgelenk halten und ihm in die Augen schauen und klar sagen, was sie wollen. Wir üben das auch mal im lustigen Rollenspiel zusammen. Wenn der andere es trotzdem nicht beachtet, sollen sie weggehen oder Hilfe holen. Ich finde es sehr wichtig, dass unsere Kinder sich auf eine gute Weise wehren können und ihre Grenzen stecken können. Es gibt sehr viele Kinder, die keine gesunden Grenzen haben, mit denen unsere Kinder in Berührung kommen werden.

Jeder macht Fehler, aber wichtig ist, wie man damit umgeht. Wir trainieren deshalb, uns zu entschuldigen. Bestimmt hat jedes Kind mal die Beiß-, Kratz-, Schlag- oder Zwickphase. Wenn mein kleines Kind einem anderen wehtut, möchte ich ihm zeigen, dass das nicht o.k. ist, und zeige ihm, wie das andere Kind weint. Danach sage ich ihm, dass man sich entschuldigt, wenn man jemand anderem wehgetan hat, und zeige ihm praktisch, wie das geht. Ich gehe selbst und bitte das andere Kind um Entschuldigung und sage ihm, dass es nicht o.k. war, dass mein Kind ihm wehgetan hat. Dieses Verhalten ist auch wichtig für die andere Mama, weil irgendwie eine Wiedergutmachung stattfindet. Wenn es mehrfach vorkommt, nehme ich das Kind, gehe kurz aus der Situation und sage ihm, dass wir das nicht tun. Wenn unsere kleinen Kinder anderen wehtun, müssen wir reagieren. Jetzt lernen sie, wie man gut mit anderen Menschen umgeht.

Andi und ich erzählen unseren Kindern von unserem Glauben. Wir fordern sie heraus, machen sie mit Jesus bekannt und laden sie ein, ihr Leben mit Jesus zu leben. Andi hat manchmal den kleinen Mädels abends davon erzählt, dass Jesus in ihrem Herz wohnen möchte und dass er für ihre Fehler gestorben ist (so gut halt, wie sie es verstehen). Die drei Großen haben mit ihm ihr Leben schon Jesus anvertraut und erzählen immer wieder davon, dass Jesus in ihrem Herz wohnt und sie in den Himmel zu ihm kommen werden. Davon kann man halten, was man möchte, aber ich merke, dass es für sie ganz klar und wichtig ist, dass sie Jesus lieben und dass er sie liebt. Natürlich werden sie diese Entscheidung später immer wieder selbst treffen müssen und mit ihrem Leben beantworten, aber hier werden Grundlagen gelegt, die für immer in den Herzen verankert bleiben werden.

Wir sprechen auch öfter über das Leben nach dem Tod und über den Himmel: Da wird eine große Party sein. Keine Tränen, keine Traurigkeit, nur Schönheit und Freude. Gemeinsam malen wir uns mit ihnen vor Augen, wie wohl ihre Wohnung aussehen wird und wie toll es sein wird. Ob das immer so theologisch richtig ist, weiß ich nicht, aber ich möchte in meinen Kindern die Freude auf den Himmel wecken, die Schönheit und die Größe Gottes und was er für gute Sachen für uns vorbereitet hat. Hier auf der Erde schon und dann auch später.

Wir beten auch mit unseren Kindern und ermutigen sie, mit uns für andere zu beten. Natürlich sollte niemals Zwang dabei sein, aber wir lehren sie, mutig zu sein. »Dein Gebet hat große Kraft«, sage ich ihnen immer wieder. Damit versuchen wir, ihnen eigene Erfahrungen im Glauben zu ermöglichen. Eine Tochter betete mit mir für das Knie eines Mannes, und der Mann hüpfte nachher ganz glücklich herum, weil es nicht mehr wehtat. Das werden wir nie vergessen. Aber auch in schwierigen Situationen dürfen sie erleben, dass Jesus da ist und ihnen Freude schenkt. So beteten Kayla und ich für eine positive Aussage eines Arztes, damit wir aus der Klinik heimdurften, aber er gab sie nicht. Wir hörten trotzdem weiter Lobpreislieder an, waren fröhlich und sangen Jesus zu, dass er gut ist. Manchmal müssen sie auch Enttäuschungen aushalten und erleben Gottes Frieden, der mitten im Sturm da ist.

Wichtig: Auch hier seid ihr die Experten für euer Kind. Ihr wisst, wann es für was bereit ist und wann auch nicht. Wir müssen sehr weise mit diesen Dingen umgehen. Wir wollen eine Liebe für Jesus und eine Sehnsucht nach ihm in ihnen wecken und keinen Druck oder Zwang ausüben. Unsere Liebe soll immer unabhängig von ihrem Verhalten sein.

7. Der wichtigste Job der Welt – Mama sein

Mamas sind die Besten! Für ihre Kinder sind Mamas sogar Superstars. »Meine Mama kann alles! Und ich lerne alles von ihr«, erzählte mir der dreijährige Levi. In den ersten Jahren dreht sich ihre Welt rund um Mama. Wenn sie Hunger haben: Mama! Wenn etwas wehtut: Mama! Wenn sie etwas stolz zeigen wollen: Mama! Wenn sie aufs Klo müssen: Mama! Wenn sie Nähe brauchen: Mama! Wenn sie traurig sind: Mama! Wenn sie Angst haben: Mama! Mama bedeutet Geborgenheit, Wärme, Liebe, Sicherheit und alles andere auch.

Das ist ein einmaliges Privileg und gleichzeitig eine riesige Verantwortung.

Mama **werden** ist relativ einfach (für manche Mamas ist das »relativ« hier großgeschrieben). Aber Mama **sein** ist wirklich eine Lebensaufgabe. Anfangs wusste ich nicht so recht etwas damit anzufangen, plötzlich eine Mama zu sein, und oft kam es mir langweilig und eintönig vor. Inzwischen jedoch habe ich eine Vision für diese Arbeit bekommen, ein Bild vor Augen, was es bedeutet, eine Mutter zu sein. Manchmal ist es superanstrengend und nervig, so ist es nicht, aber doch liebe ich es, Mama zu sein. Ich möchte euch erzählen, was das für mich bedeutet.

Wenn wir Mama (oder auch Papa) werden, entdecken und erleben wir eine tiefere Ebene unserer Fähigkeit zu lieben. Behaupte ich jetzt einfach mal, denn bei mir war es auf jeden Fall so. Als ich Mama wurde, zog in mein Leben eine Art von Liebe ein, die ich vorher nicht kannte. Ein Teil meines Herzens gehörte nun einem winzigen Wesen. Mein Innerstes schmerzte, wenn es ihm nicht gut ging. Mein Herz wurde fähig, mehr zu lieben als je zuvor. Mehr und mehr und mehr und mehr. Bei jedem Kind vervielfältigt sich die Liebe. Das haben wir auch immer unseren Mädels gesagt, wenn ein neues Geschwisterchen dazukam. Ein Kind mehr bedeutet mehr Liebe. Liebe von mir zum Baby, vom Baby zur Schwester, von der Schwester zum Baby, vom Baby zum Papa und so weiter. Und es stimmt.

Mama werden ist relativ einfach, Mama sein ist eine Lebensaufgabe.

Von dem Zeitpunkt an, als ich Mama wurde (und wahrscheinlich bis in Ewigkeit), wurde mein Charakter kontinuierlich geschliffen. Jeden Tag werde ich mit Sachen und Verhaltensweisen und Situationen und Unmöglichkeiten konfrontiert, die mich an den Rand meiner Schmerzgrenze bringen und sogar noch weiter. Ich bekomme Persönlichkeitstraining der allerfeinsten Art. Ich kann komplett kostenlos (na ja, das stimmt ja auch nicht, die Kinder brauchen ja auch Essen und Kleidung) an meiner Konfliktfähigkeit, Geduld, Gelassenheit, Durchsetzungsfähigkeit, der Ausübung meines Glaubens im Alltag und so vielen anderen Dingen arbeiten. Manchmal stellen sich Leute die Frage, warum man überhaupt Kinder in die Welt setzen sollte, wenn diese doch so schlecht und böse ist. Eine Antwort auf diese Frage verbirgt sich hier: Wir selbst werden durch unsere Kinder so stark charakterlich verändert, dass wir damit einen Unterschied in dieser Welt machen. Sie wird ein bisschen barmherziger, liebevoller und besser. Und zusätzlich bereichern wir diese Welt mit unseren Kindern, in die wir Liebe, Werte und unser Herzblut hineingelegt haben. So werden sie ihrerseits gute Auswirkungen auf diese Welt haben und sie ein kleines Stückchen verändern. Das ist doch richtig genial.

Weil einem als Mama schnell klar wird, dass man nicht perfekt ist und viele Fehler macht, erhöht sich die Gnade und Barmherzigkeit mit einem selbst und allen anderen um ein Vielfaches. Ein Bewusstsein seiner eigenen Schwächen und seinem Unvermögen zieht ein. Jesus freut sich darüber, weil er uns gerade dann seine Kraft und seine Stärke geben kann, weil die besonders in den Schwachen mächtig ist. Er liebt es, wenn er Menschen sieht, die wissen, dass sie es alleine nicht hinbekommen, sondern sich ganz auf ihn verlassen. Mit diesen Menschen kann er richtig was anfangen, weil er dann Platz bekommt und nicht mehr unser aufgeblasenes Ego allen Raum einnimmt.

Gott liebt Mamas

Gott beschreibt sich in Jesaja 66,13 als einen, der uns tröstet, wie eine Mutter es tut. Er versteht uns. Er selbst hat diese Liebe zu unseren Kindern in uns hineingelegt. Es ist ein kleines Abbild seiner Liebe zu uns. Wir sind ihm sehr ähnlich und er hat Gefallen an uns. Er sagt, dass ein Diener der Größte von allen ist. Eine Mama ist in Wahrheit ein Diener ihrer Kinder. Nicht ein Sklave wider Willen, sondern aus Liebe dient sie freiwillig. Man könnte sagen, sie liebt ihre Kinder mehr als sich selbst, deshalb gibt sie ihren Schlaf, ihre Brust, ihren Bauch, ihre Zeit und ihre Kraft für diese. Diese dienende Liebe schließt für mich auch gelegentliches Genervt- oder Überfordertsein ein. Aber vor allem in den ersten Jahren sind die Kinder vollkommen darauf angewiesen, dass da jemand ist, der ihnen hilft und ihnen dient. Ohne diese Fürsorge würde das Baby sterben. Damit meine ich überhaupt nicht, dass man als Mama sich selbst vergessen muss, sondern eher das Gegenteil: Wir sollen unsere Kinder lieben wie uns selbst. Das ist ein Teil des höchsten und größten Gebots.[19] Als Mama muss man sich sogar besonders gut lieben und sehr gut auf sich selbst achten, dazu aber später mehr. Das Allerwichtigste: Wir können nur das weitergeben, was wir selbst haben. Wenn wir unsere Kinder lieben wollen, müssen wir selbst genug Liebe haben. Wir brauchen Zeit und Gemeinschaft mit unserem himmlischen Papa, damit wir von ihm mit seiner Liebe gefüllt werden. Er hat immer genug und freut sich riesig, wenn wir zu ihm kommen und ihn bitten, uns mit seiner Liebe und Kraft zu füllen. Er liebt uns im Überfluss. Wir Mamas haben immer viel zu tun und unsere Tage und Nächte sind oft ausgebucht. Aber wenn wir unseren Kindern etwas geben wollen, müssen wir uns bewusst Zeit nehmen, um einfach alleine irgendwo zu sitzen, zu liegen oder zu stehen, um mit unserem Vater im Himmel in Kontakt zu treten. Am besten ist es, ihm alles hinzulegen, ihm laut für alles zu danken, was uns einfällt. Ihm zu danken, dass er uns mit allem Erdenklichen ausstattet und dass er uns immer, wirklich immer, so sehr liebt und annimmt, egal, was wir tun oder nicht tun. Er ist für uns. Seine Liebe in uns wird zu allen anderen um uns herum überfließen.

Gott hat Mamas erwählt

Gott hat genau dich erwählt, Mama für ganz genau dein Kind bzw. deine Kinder zu sein. Er weiß, was sie brauchen, und er weiß auch, was du als Mutter brauchst. Es ist kein Zufall, dass gerade du dieses Kind zu diesem Zeitpunkt an diesem Ort bekommen hast, denn Gott macht keine Fehler. Ich habe vier Mädels bekommen. Für manche wäre das ein Traum, weil man Mädels so schön anziehen und dann süße Fotos von ihnen machen kann – glitzer, glitzer, bling, bling. Es ist auch tatsächlich echt cool, aber andere Mamas wären dafür wirklich besser geeignet als ich. Ich bin nicht so sehr der Typ für glitzer, glitzer, bling, bling. Da war es eine echte Offenbarung für mich, als mir eines Abends klar wurde: Gott selbst findet, dass ich, genau ich, etwas habe, dass er gleich vier anderen Frauen für ihr Leben mitgeben möchte – von Anfang an. Gott findet, dass ich etwas Gutes an meine Mädels weiterzugeben habe. Und so ist es auch bei dir. Egal, welche Kinder er dir anvertraut. Geschlecht, Aussehen, Charakter, Besonderheiten, Anzahl, Altersabstand. Gott hat sie in seiner Allwissenheit ausgesucht, weil er weiß, dass genau du etwas an sie weiterzugeben hast. Du bist genau die richtige Mama für deine Kinder. Du bist auserwählt.

Wenn du schon Mama bist: Was könnte es sein, dass Gott durch dich an deine Kinder weitergeben möchte? Wenn dir nicht gleich etwas einfällt, könntest du ihn fragen und aufschreiben, was dir dabei durch den Kopf geht.

Wichtig: Gar nicht selten bekommen wir Tipps und Ratschläge von anderen Leuten (wie z. B. in diesem Buch). Lasst euch davon nicht verrückt machen. Hört es euch an oder lest es euch durch. Und dann findet euren eigenen Weg. Ihr seid die Erwählten für eure Kinder und niemand anderes. Ihr werdet den richtigen Weg für euch und für sie finden. Ihr werdet eure Arbeit gut machen. Es ist gut und hilfreich, wenn wir Anregungen von anderen bekommen, das empfinde ich sogar als Privileg. Nehmen wir sie und gestalten dann unseren ganz eigenen Weg für unsere Familie.

> Lasst euch nicht verrückt machen von den vielen Tipps und Ratschlägen. Findet euren eigenen Weg.

Mamas sind Missionarinnen

Als Mamas erfüllen wir den Missionsbefehl Jesu: »Machet zu Jüngern alle Völker« (Matthäus 28,19). Wir müssen dafür nicht einmal irgendwo hingehen, außer vielleicht von der Küche ins Kinderzimmer und wieder zurück (andere Räume im Haus können beliebig eingefügt werden). Unsere »Völker« sitzen direkt bei uns zu Hause. Wie macht man jemanden zu einem Jünger von Jesus? Man bringt ihm bei, wie ein Freund Jesu lebt. Wir als Mamas haben die Chance, unseren Kindern schon von klein auf vorzuleben und zu zeigen, wie ein Leben funktioniert und Gott gefällt. Von uns lernen sie so viel, viel mehr, als man oft denkt. Alle Grundlagen, die sie ihr Leben lang brauchen und anwenden werden, wie zum Beispiel:

- Bin ich liebenswert?
- Wer bin ich?
- Was kann ich?
- Bin ich schön?
- Was ist richtig und was ist falsch?
- Wer und wie ist Gott?
- Was ist im Leben wirklich wichtig?
- Wie streite und versöhne ich mich?
- Was mache ich, wenn ich wütend, traurig, fröhlich ... bin?
- Wie rede ich mit und über andere Leute?
- Wie lebe ich meinen Glauben im Alltag?
- Wie gestalte ich Ehe, Freundschaft, Elternschaft?
- Wie und für was teile ich meine Zeit ein?
- ...

All diese und noch so viele andere Dinge mehr lernen unsere Kinder von den Personen, mit denen sie am meisten Zeit verbringen. Im schönsten Fall sind das wir, ihre Mamas. Sie beobachten uns ganz genau von klein auf, sie erleben uns in der Öffentlichkeit und daheim ganz ungeschminkt. Sie reden mit uns, fragen uns Löcher in den Bauch. Wir erklären ihnen die Welt und wie sie funktioniert. Wenn die Kinder noch klein sind, glauben sie alles, was jemand ihnen erzählt. Sie gehen davon aus, dass das, was wir sagen, die Wahrheit ist. Eine große Verantwortung und so eine große Chance. So wie Kinder in den ersten sechs Jahren leben, wird für sie das »normal« sein. Wir haben die Chance, das Leben der Kinder zu prägen und ihnen das weiterzugeben, was wir an Gutem schon erkannt haben. Es braucht dazu keine großen geistlichen Hilfsmittel, nur eine Mama, die da ist und die Gott und ihre Kinder liebt.

Wie lebt ihr euer Leben als Mama? Was lernen eure Kinder von euch? Möchtet ihr das so an sie weitergeben, oder wäre es gut, ein paar Veränderungen vorzunehmen?

Was hier aber grundsätzlich wichtig ist, damit wir uns nicht selbst unter enormen Druck setzen, ist eine gewisse Entspanntheit und Gelassenheit. Wir Eltern sind gute Eltern, wenn wir Fehler machen, weil wir so für unsere Kinder echt sind und sie von uns lernen, wie sie selbst mit ihrer eigenen Fehlerhaftigkeit umgehen können. Ich muss ständig wieder neu Anpassungen an meinem Leben vornehmen, weil es lange nicht so ist, wie ich es idealerweise gerne hätte. Ich sage meinen Kindern, sie sollen nicht gierig sein, renne abends aber schnellstens in die Speisekammer, sobald sie im Bett sind. Ich motze sie an, sich bitte die Zähne im Bad zu putzen, während ich mit der Zahnbürste im Wohnzimmer stehe. Ich sage ihnen immer wieder, dass ihre Schönheit von innen kommt, und ziehe mir zum dritten

Mal was anderes an. Wir sind alle auf dem Weg und werden es auch bleiben. Wir sind Menschen und keine funktionierenden Maschinen. Unsere Unvollkommenheit ist auch das, was uns für unsere Kinder echt und nah sein lässt. Sie lernen von uns, dass Fehler zum Leben dazugehören. Wichtig ist nur, dass wir immer wieder innehalten und überlegen, ob wir wirklich so leben, wie wir es wollen. Und dann mutig sind, Veränderungen anzugehen oder auch mal umgekehrt zu überlegen, ob es wirklich so wichtig ist, wo man sich die Zähne putzt.

Der wichtigste Job der Welt

Wenn man sich dessen bewusst ist, ist das Mama-Sein eine lebenswichtige Arbeit. Wir brauchen gute und tragfähige Grundlagen, um unser Leben meistern zu können. Die Sachen, die wir in den ersten Lebensjahren erleben, brennen sich tief in uns ein und legen das Fundament für den Rest unseres Lebens. Wie unschätzbar wertvoll ist es da, Dinge zu lernen und zu erleben von der Person, die man am meisten liebt. Wir wollen unseren Kindern lauter gute und wichtige Dinge weitergeben. Damit ein kleiner Mensch überhaupt die Motivation hat, seiner Mama (und auch seinem Papa) ähnlich zu werden und ihnen zuzuhören, ist eine gute Beziehung das, worauf es ankommt. Und später, wenn aus kleinen Kinder große geworden sind, ist es sogar ausschließlich die Beziehung, die Eltern und Kinder wirklich miteinander verbunden sein lässt. Wir wollen das Herz unserer Kinder erreichen und ihnen zuallererst vermitteln, dass sie geliebt und angenommen sind, so wie sie sind.

Wer merkt, dass er geliebt wird und angenommen ist, fühlt sich sicher und geborgen. Er möchte dem anderen Gutes tun und ihm gefallen. Bei kleinen Babys fängt diese Beziehung, zu diesem Zeitpunkt Bindung genannt, gleich ganz am Anfang an. Wir Mamas machen da »automatisch«

die Hauptarbeit. Wir sind von Anfang an die Basisstation. Wenn irgendetwas gebraucht wird, sind wir immer die Anlaufstelle Nr. 1. Mama bedeutet Leben für unsere Kinder. Damit das Baby eine gute Bindung aufbauen kann, braucht es keine pädagogische Höchstleistung, sondern am meisten eine feinfühlige Mutter. Eine, die da ist und die sich traut, auf ihr Bauchgefühl und ihr Herz zu hören. Die sich für ihr Baby Zeit nimmt und es »studiert« und kennenlernt. Die es erleben lässt, dass es nicht alleine ist, sondern dass jemand da ist, der sich kümmert. Damit wird die lebenslange Verbindung zwischen Mutter und Kind geschaffen. Wenn das Kind einen zugewandten Vater erlebt, wird auch dieser einer der engsten Bindungspersonen sein. Durch diese sichere Bindung am Anfang ist später das Kind, der Jugendliche und der Erwachsene fähig, gute und gesunde Beziehungen zu anderen Menschen zu leben. Er hat ein Grundvertrauen in andere Menschen und ist fähig, Freundschaft und Ehe zu leben, die auch Schwierigkeiten aushält und übersteht.

Unseren Kindern eine liebevolle Bindung zu geben ist übrigens auch das Beste, was wir tun können, um es ihnen später einfacher zu machen, Gott den Vater kennenzulernen. Wenn Kinder wissen, wie es sich anfühlt, geliebt zu sein, und sie darauf vertrauen können, dass jemand sich um sie kümmert, werden sie mit dem Bild des liebenden Vaters etwas aus ihrem Leben verbinden können, anders als bei Kindern, die keine verlässlichen Eltern erlebt haben.

Unsere Aufgabe als Mütter und Väter ist es, die Herzen unserer Kinder zu formen und erobern. Wir wachsen mit ihnen, lernen sie kennen, bejubeln ihre Stärken, fordern sie in ihren Schwächen heraus. Wir sind für sie da und müssen wissen, was in ihrem Leben abgeht. Und vor allem müssen wir sichergehen, dass sie immer und immer wissen, dass sie geliebt sind. Es ist unsere Aufgabe, ihre Liebessprache herauszufinden und ihren Liebestank gefüllt zu halten.

Wir, vor allem als Mamas, legen den Grundstein für das weitere Leben unserer Kinder. Was wir in sie hineinlegen, kann niemand anderes tun. Sie sind uns anvertraut und wir haben diese wichtigste Arbeit zu tun. Unsere Kinder werden später Erwachsene sein, die diese Welt gestalten und verändern. Sie werden die Erwachsenen sein, die wir von Anfang an geprägt haben. Sie werden bestimmt nicht so sein, wie wir sie gerne programmieren wollen – Gott sei Dank, aber sie werden in ihren Herzen Dinge und Lebensweisheiten haben, die wir von klein auf in sie hineingelegt haben. Ihr Charakter wird von uns auf eine Weise geprägt und geschliffen sein, wie es von keinem anderen Menschen danach möglich sein wird.

Logischerweise werden Kinder am meisten von den Personen geprägt, mit denen sie am meisten Zeit verbringen. Ob sie viel Zeit mit Mama, Oma, Tagesmutter oder Erzieherin verbringen, macht einen Unterschied. Das, was die Kinder am häufigsten hören, sehen und erleben, wird ihr »normal« sein. Es lohnt sich deshalb, immer wieder zu überlegen und gut auszuwählen, mit wem unsere Kinder wie viel Zeit verbringen.

Mamas sind berufen

Als Mamas haben wir eine einmalige Berufung. Vielleicht wird keine andere Berufung in eurem Leben größer sein als diese. Ich habe mal irgendwo gelesen, dass es nichts Großartigeres und Edleres gibt als das Muttersein und wir uns diesem ganz hingeben sollten. Das hören wir nicht mehr oft in unserer Zeit. Wenn ich das irgendjemandem erzählen möchte, kriege ich es fast nicht heraus, weil es sich sogar für mich selbst abenteuerlich anhört. Unsere Gesellschaft sagt, dass unsere Kinder besser bei Fachkräften untergebracht sind als bei ihren Müttern. Irgendwo las ich neulich: »Bildung ist das Wichtigste, was wir unseren Kindern geben können.« Das ist eine Lüge und stimmt so einfach nicht. Das Wichtigste, was wir unseren Kindern geben können, ist Bindung. Wenn ein Kind eine enge, vertrauensvolle Beziehung zu seinen wichtigsten und liebsten Menschen aufbauen darf, kommt sein Drang und sein Wunsch nach Wissen von ganz alleine.

Wir hören davon, was Kinder alles schon im Kindergartenalter lernen sollten, von Sachen wie Fremdsprachen und Musikinstrumenten. Die Bindungsforschung hat längst herausgefunden, dass es für die Entwicklung eines Kindes in allen Bereichen unersetzlich ist, wenn das Kind eine sichere Bindung zur Mama und zum Papa aufbauen durfte.[20] Dies legt die Grundlage für jede Entwicklung im sozialen, emotionalen und kognitiven Bereich. Unsere Kinder brauchen erst mal ein Fundament, um in dieser Welt voll durchstarten zu können. Dieses Fundament ist nicht ihr Wissen, sondern das Gefühl, angenommen

> Nicht Bildung ist das Wichtigste, was wir unseren Kindern mitgeben können, sondern Bindung.

und wertvoll zu sein. Eine innere Überzeugung, dass es gut ist, dass sie da sind, und dass sie in Ordnung sind, wie sie sind.

Euer Kind wird nicht sozial inkompetent, wenn es nicht in alle möglichen Angebote für Babys geht, wo es mit anderen Kindern in Kontakt kommt. Es braucht am Anfang einfach nur euch. Ihr werdet es schon merken, wenn die Zeit kommt, wo auch andere Dinge schön und gut für euer Kind sind. Lasst euch nicht von Geschwätz unter Druck setzen, sondern hört auf das, was euer Kind und euer Herz euch sagen. Euer Baby kann nur ohne euch nicht überleben. Alles andere ist erst mal zweitrangig.

Allerdings muss ich dazusagen, dass ich da leicht reden habe, denn ich habe Sozialpädagogik studiert. Im Studium habe ich also Entwicklungspsychologie, Erziehung und Bildung und alles Weitere kennengelernt. Als ich aber meine Kinder bekam, habe ich mir vorgenommen, alles zu vergessen, was ich dort theoretisch gelernt habe (ist mir gar nicht so schwergefallen). Das muss niemand nachmachen, ich hatte jedoch meine Gründe dafür, denn ich habe viele Negativbeispiele erlebt, in denen Pädagogen ihre Kinder professionell analysierten, beurteilten und eingruppierten. So beschloss ich für mich, dass ich meine Kinder nicht als Pädagogin erziehen wollte, sondern als Mutter. Für mich war es wichtig, das gleich von vorneherein zu trennen, das muss aber wie gesagt nicht für andere gelten. Es half mir, mein Kind in den Fokus zu stellen und nicht die Wissenschaft bzw. Theorien. Für mich war es ein guter Anfang, überhaupt mein Herz und Bauchgefühl zu entdecken.

Natürlich habe ich oft verschiedene Bücher über Kinder und Erziehung gelesen. Einmal habe ich mir sogar gewünscht, die einzelnen Entwicklungsphasen noch im Kopf zu haben. Ich möchte ein Experte für meine Mädels werden. Oft ist es entspannend und heilsam, eine Information zu bekommen, die man vorher noch nicht hatte. Doch trotzdem bin ich ein Fan davon, erst das Kind zu sehen und sich dann die nötige Hilfe und Beratung zu holen.

Ich kann es nicht oft genug sagen: Ihr habt alles, was ihr braucht, um eine gute Mutter zu sein. Gott hat euch die Liebe für euer Kind schon lange eingepflanzt. Ihr habt Augen und Ohren und fünf Sinne, die ihr benutzen dürft, um diesen Menschen, der nur euch anvertraut wurde, genauestens zu studieren, kennenzulernen und zu entdecken.

Ich wünsche mir Mamas, die ihr Mama-Sein mit Vision leben. Die ihre Kinder, vor allem, wenn sie klein sind, nicht als notwendiges Übel ansehen. Ich wünsche mir Mamas, denen bewusst ist, dass diese ersten Jahre die wichtigsten im Leben ihrer Kinder sind und nie wiederkommen. Die sich Zeit nehmen in ihre Kinder zu investieren. Ich wünsche mir Mamas, die feste Fundamente ins Leben ihrer Kinder legen und sich selbst für diese ersten Jahre etwas zurücknehmen können. Wenn wir mal 70 Jahre alt sind, werden wir es nicht bereuen, dass wir viel Zeit mit unseren Kindern verbracht haben, als sie noch klein waren. Wir werden so dankbar auf diese Zeit zurückschauen und sie als einen Schatz in unseren Herzen tragen.

Mamas als »Thermostat« der Familie

»Wir als Mamas sind das Thermostat der Familie«, sagte mal jemand. Wir stellen die Temperatur ein und bestimmen die Atmosphäre, die bei uns zu Hause herrscht. Wir bringen entweder Frieden oder Chaos. Gelassenheit oder Stress. Worte des Lebens oder Worte des Todes. In unsere Hand wurde gelegt, aus einem Haus oder einer Wohnung ein Zuhause zu machen. Wie dieses Zuhause aussieht und sich anfühlt, liegt zum größten Teil in unserer Hand. Wir alle wünschen uns doch, dass sich bei uns jeder geliebt fühlt, so wie er ist, dass jeder gerne nach Hause kommt, dass wir einander ermutigen und aufbauende Worte sagen, dass es gemütlich ist und man sich geborgen fühlt. Eine ganz schön herausfordernde Aufgabe, finde ich.

> Als Mamas bestimmen wir die Atmosphäre, die bei uns zu Hause herrscht.

Während ich diese Zeilen schreibe, befinden wir uns in unserer eigenen Familie in einer sehr herausfordernden Phase. Ich merke, dass ich unendlich genervt von meinen Kindern bin, weil sie ständig alles irgendwo hinschmeißen, den Sand aus dem Kindergartensandkasten auf den frisch gewischten Fliesen ausleeren, Blumen schneiden, die ich gepflanzt habe, und Salatkrönung mit Wasser gemischt in ihrem Zimmer versteckt haben. Das gehört einfach zum Leben mit Kindern dazu. Wir brauchen eine grundsätzliche Gelassenheit über solche Dinge. Kinder sind Kinder. Sie müssen sich so verhalten und Fehler machen. Mein Problem ist eher, dass ich eigentlich das Ziel habe, jeden Tag einige Minuten für mich und Gott zu haben, bevor die Mädels aufwachen und mich beanspruchen wollen. Eine Oase zum Auftanken. Es reichen schon einige ruhige Minuten, und ich kann den Tag ganz anders starten und habe eine Kraft, die nicht von mir kommt. Aber es klappt nicht, ich bin müde, und der Drang, einfach faul liegen zu bleiben, ist größer. Kurz danach, wenn sie mich wecken, bin ich schon tierisch genervt darüber, dass ich es wieder nicht geschafft habe, und in Folge darauf den ganzen Tag grummelig. So war die schlechte Laune überall zu spüren und ich bekam gestern zweimal einen Wut- und Schreiausbruch. Da kam es mir plötzlich in den Sinn: Sie merken ja, was für eine Atmosphäre ich verbreite. Sie spüren, dass es mir nicht gut geht. Sie sind dieser Atmosphäre, die ich erschaffe, ausgesetzt und reagieren entsprechend darauf: »Nur schnell weg von der genervten Mama und irgendwas anstellen!« Und so hört der Kreislauf nicht auf.

An uns liegt es, den Kreislauf zu unterbrechen und die Atmosphäre zu schaffen, in der es sich gut leben lässt. Das ist allerdings einfacher gesagt als getan. Wie können wir es schaffen, trotz des fordernden Alltags eine wohlige Wärme in unserer Familie zu erhalten? Wir müssen gut auf uns achten und uns selbst, wie Jesus sagt, so lieben wie unseren Nächsten, uns also Gutes wünschen und tun. Stattdessen vergessen wir uns oft selbst und sind zum Beispiel beim Essen so beschäftigt, alle Kinder zu versorgen, dass wir selbst nichts essen. Oder abends einfach zu müde vom ganzen Tag sind, sodass wir nichts Schönes mehr für uns selbst machen.

Wir als Mamas sind herausgefordert, uns zu überlegen und herauszufinden, was uns Spaß macht und neue Energie gibt, um den Alltag zu meistern. Mit Kindern hat man weniger Zeit, um Dinge für sich ganz alleine zu tun, deshalb ist es wichtig, diese Zeit weise einzusetzen.

Jede Frau ist komplett anders, und deshalb braucht jede Frau auch ganz unterschiedliche Dinge, damit es ihr gut geht. Das können Dinge sein wie:

- regelmäßig Sport machen
- mit Freundinnen treffen
- etwas tun, was überhaupt nichts mit Kindern zu tun hat
- arbeiten gehen
- Qualitätszeit mit dem Mann haben

- ein Bad nehmen
- sich ehrenamtlich einsetzen
- etwas backen
- im Garten arbeiten
- etwas basteln
- in Ruhe lesen
- Zeit im Gebet und in Gottes Gegenwart verbringen
- weggehen und feiern ...

Es ist wirklich wichtig, Zeit und Überlegungen zu investieren, damit es mir als Mama gut geht. Die ganze Familie wird dadurch positiv beeinflusst und es lohnt sich auf jeden Fall. In meinem Fall hat dieses Wissen mich heute Morgen motiviert, schnell aufzustehen und in der Decke eingemummelt auf dem Balkon zu sitzen, um mit Jesus zu reden und die Stille zu genießen. Das ist für mich sehr wichtig, damit meine Temperatur konstant bleiben kann. Ich werde mich immer wieder daran erinnern und mir alle Hilfen, die mir einfallen, anschaffen, damit das meine Priorität sein kann. Weil ich selbst in einer guten, sogar göttlichen Atmosphäre leben will. Das schaffe ich nicht alleine, aber Jesus freut sich, wenn wir ihn um Hilfe bitten, und verspricht, uns nicht im Stich zu lassen.

Was braucht ihr, damit es euch gut geht und ihr euch voller Energie fühlt? Welche praktischen Schritte könnt ihr unternehmen, um etwas davon Wirklichkeit werden zu lassen?

Welche Atmosphäre herrscht bei euch vorrangig zu Hause? Was davon ist euer Verdienst und wie könnt ihr die Stimmung verändern, wenn sie nicht gut ist?

Mamas brauchen Grenzen

Manchmal ist es aber auch so, dass wir als Mamas relativ ausgeglichen sind, aber im Leben unserer Kinder Dinge passieren, die sie heißkochen lassen. Wenn sie klein sind, sind das Dinge wie: Meiner Puppe ist ein Auge ausgefallen, mein Bruder hat meine Sandburg kaputt gemacht, ich darf kein Ballkleid in den Garten anziehen und so weiter. Wenn sie größer werden, geht es da schon um andere Sachen: Andere reden schlecht über mich, ich bin unglücklich verliebt, ich fühle mich oft einsam und diese Dinge. Je nachdem welches Temperament ein Kind besitzt und wie es seine Befindlichkeit kundtut, verbreitet es eine entsprechende Hitze oder Kälte um sich herum. Hier müssen wir alle lernen, innerhalb unserer Grenzen zu bleiben. Wir Mütter müssen lernen, uns nicht von der Atmosphäre, die unsere Kinder dann verbreiten, einnehmen zu lassen. Die Kinder ihrerseits müssen lernen, je älter sie werden, dass ihr Verhalten die ganze Familie beeinflusst. Jeder ist für seine eigene Atmosphäre verantwortlich. Wenn es mir schlecht geht, muss ich trotzdem die Grenzen der anderen beachten und nicht versuchen, mein Problem in ihren Bereich zu schieben. So weit mal die Theorie. Wenn unsere Kinder ein Problem haben, können wir sie wahrnehmen, sie trösten, für sie beten und sie dann aber loslassen.

Es ist zuerst ihr Problem. Wir müssen lernen, die Schwierigkeiten unserer Kinder nicht zu unseren eigenen zu machen. Das muss natürlich je nach Alter angepasst werden, aber man kann schon relativ früh damit beginnen. Schon unsere Kleinste weiß mit einem Jahr, dass sie einen Lappen holen muss, wenn sie etwas verschüttet hat, und putzt es weg (so gut es halt geht). Es ist in erster Linie nicht mein Problem. Im Idealfall kann ich deswegen völlig ruhig bleiben, wenn was umgekippt wird, kann ein kleines »Oh nein« von mir geben, und entweder weiß das Kind dann schon, dass es ein Problem hat, oder wird mehr oder weniger freundlich darauf hingewiesen. Natürlich wird auch Hilfe von uns Eltern angeboten. Das bietet eine gute Möglichkeit, seine eigene gute Temperatur zu behalten. Wir als Eltern müssen lernen, den

Frust unserer Kinder nicht auf uns selbst zu übertragen. Wir müssen nicht ihr Leben führen, sondern ihnen lediglich helfen, ihr eigenes zu leben.

Das ist ganz schön herausfordernd. Wir als Mamas müssen unsere eigenen Grenzen kennenlernen, sie schützen und verteidigen. Gegenüber unseren Kindern, aber auch unseren Männern und allen anderen. Wir müssen lernen, »Nein« zu sagen, ohne ein schlechtes Gewissen zu haben. Und wir müssen lernen auszusprechen, was wir wollen und wann und wie wir es wollen. Wenn wir gut auf uns selbst achten, gewinnen damit alle um uns herum. Das ist für mein eigenes Mama-Sein noch Zukunftsmusik. Ich übe mich Schritt für Schritt darin. Oft falle ich, dann stehe ich wieder auf, nehme meine Prinzessinnenkrone, auf der fett »Gnade und Barmherzigkeit« steht, und gehe weiter. Gott weiß es und liebt es, mir zu vergeben und mir auf meinem Weg ständig unter die Arme zu greifen. Ständig, die ganze Zeit. Wenn ich es schaffe, trotz aller Wutausbrüche, Schreianfälle, Trotzgeschrei, Geschwisterstreitgezeter, Wegnehmfrustrationsdrohungen, Protestgeheul, Müdigkeitsgejaul und so weiter ruhig zu bleiben, ist das ein riesiger Sieg, der gefeiert werden muss. Dann habe ich die Atmosphäre geändert und mich nicht in das tobende Meer hineinziehen lassen. Da brauche ich dann erst mal eine große Belohnung!

> Wir müssen nicht das Leben unserer Kinder führen, sondern ihnen helfen, ihr eigenes zu leben.

Wo bemerkt ihr eure Grenzen? Wo müsstet ihr an andere Menschen klare liebevolle Ansagen machen, um diese Grenzen zu schützen?

Ein Wort von meinem Mann

Eure Aufgabe ist wertvoll und kostbar. Lasst euch nie von der Lüge beeinflussen, dass es eigentlich wichtiger wäre, eine Karriere zu starten, als bei euren

Kindern zu sein. Eure Kinder brauchen euch. Viel mehr, als ihr es euch vielleicht vorstellen könnt. Viel mehr, als sie es sich selbst vorstellen oder auch ausdrücken können.

Genauso auch wie wir Papas, werdet ihr Fehler in der Erziehung machen. Wahrscheinlich werden es bei euch sogar mehr Fehler werden, ganz einfach aus dem Grund, weil ihr meist mehr Zeit mit den Kindern verbringen werdet. Seid gnädig mit euch, wenn ihr Fehler macht, und gleichzeitig motiviert, immer das Beste zu geben. Jesus sagt euch: »Lass dir an meiner Gnade genügen, denn meine Kraft ist in den Schwachen mächtig« (2. Korinther 12,9).

Erzieht eure Kinder zusammen mit eurem Mann. Trefft Entscheidungen gemeinsam. Sprecht euch ab, und wenn ihr euch uneins seid, überlegt, was das Beste für euer Kind ist. Und vor allem: Betet miteinander für eure Kinder. Segnet sie und sprecht Gutes in ihr Leben hinein.

Ich liebe Mamas. Ich wünsche mir Frauen, die sich erlauben innezuhalten, wenn sie Mutter werden. Die sich trauen, sich auf dieses neue Leben einzulassen, mit allen Höhen und Tiefen, die es bereithält. Die nicht nur das tun, was andere Leute sagen. Ich wünsche mir Frauen und Männer, die bereit sind, ihre Kinder als Priorität zu sehen. Egal, wie viel oder wenig sie sonst noch arbeiten. Ich wünsche mir Eltern, die für ihre Kinder und ihr Elternsein eine Vision und ein Ziel haben. Ich träume von Frauen und Männern, die Jesus lieben und die diese Liebe ganz praktisch und aktiv an ihre Kinder weitergeben. Ich wünsche mir Frauen, die sich bewusst sind, welch großer Schatz ihnen anvertraut wurde und die als Uromas von ganzem Herzen dankbar sind für die Zeit, die sie in ihre Kinder investiert haben. Liebe Mamas, eure Zeit ist jetzt! Sie ist so kostbar und kommt nie wieder! Lebt euch richtig aus und setzt euch ein. Ihr habt etwas Einzigartiges und so Kostbares anvertraut bekommen: eure Kinder! Es lohnt sich vielfach, eure Kraft und eure Energie in sie zu investieren. Ihr tut die wichtigste Arbeit dieser Welt.

8. Mächtig einflussreich – Papa sein

»Mein Papa ist der Champion, mein Papa ist der Held, wie gut, wenn mich mein Papa in seinen starken Armen hält. Mein Papa ist der Größte und ich, ich hab ihn lieb, und ich will dir sagen: Es ist toll, dass es dich gibt.«

Dieses Lied brüllten unsere Kindergartenkinder am Papatag aus voller Kehle ihren Papas entgegen. Und ich denke, dass jedes Kind in seinem Herzen diese Gedanken trägt: Mein Papa ist mein Held. Egal, wie unvollkommen oder hilflos ihr euch manchmal fühlt: Papas sind die Helden ihrer Kinder und haben mächtig viel Einfluss auf ihr Leben.

Hier kommt nun also das Kapitel für euch, liebe Männer. Beim Thema Familie geht es um euch. Familie sind wir alle zusammen, und sie kann nur funktionieren, wenn alle ihre Rolle einnehmen und wichtig nehmen. In Gottes Augen ist der Mann der Chef der Familie. So jedenfalls sagen wir es immer unseren Kindern. Er ist das Oberhaupt. Wenn aber dieser Chef nicht daheim ist, ist die Mama der Chef, na klar. Gott sieht einen Vater aber nicht als unbarmherzigen, harten, genervten, herumkommandierenden Chef, sondern er sieht ihn als den größten Diener. Der, der das Beste in allen anderen zutage fördert und sie bedingungslos liebt. Das hört sich nach viel Erwartung und Arbeit an. Die gute Nachricht ist: Papas müssen Fehler machen. Nur wenn sie echt und authentisch sind, werden ihre Kinder das auch sein.

Fehler machen, Vergebung üben und Gnade leben sind einige der wichtigsten Dinge, die ihr euren Kindern mitgeben könnt. Also doch kein Druck, sondern nur Echtheit. Arbeit bedeutet das jedoch oft auch. Manch einer mag denken: »Ich habe schon genug Arbeit«, und das entspricht bestimmt immer der Wahrheit. Jeder hat immer viel zu arbeiten und zu tun. Ich möchte dafür werben, Familie als Priorität zu setzen. Noch vor der Karriere oder den Hobbys. Jedem von uns ist genau gleich viel Zeit gegeben, es kommt immer darauf an, wofür wir sie nutzen. Denn wir nehmen uns Zeit für das, was uns wirklich wichtig ist. Oft drängt sich das Dringende vor das Wichtige. Wenn ihr als Papas kleine Kinder habt, ist das wichtig. Für eine gute Bindung der Kinder ist es von Bedeutung, dass sie einen zugewandten Vater erleben. Einen Vater, der seine Rolle ernst und wichtig nimmt. Der mit allen Sinnen da ist. Die Kleinkindzeit ist so entscheidend in ihrem Leben und vergeht so schnell. Sie kommt nie mehr und kann nicht rückgängig gemacht werden. Manch ein älterer Vater sagt, dass er sich wünschte, mehr Zeit mit seinen Kindern verbracht zu haben, aber dass er jetzt damit leben muss, diese wichtige Zeit verpasst zu haben. Ich ermutige und ermahne euch Männer: Eure Kinder brauchen euch so sehr, gerade in ihren ersten Lebensjahren. Verpasst nicht ihre Entwicklung: Feuert sie an, wenn sie krabbeln lernen, übt ihre ersten Worte mit ihnen, staunt über ihre ersten Schritte, trainiert sie dabei, aufs Töpfchen zu gehen … Ihr legt euch selbst einen Schatz in euer Leben, weil ihr die Helden eurer Kinder sein werdet. Schafft euch und ihnen Erinnerungen und legt den Grundstein für eine Beziehung, die lebenswichtig ist und ein Leben lang halten wird. Diese Beziehung legt die Grundlage, um alle späteren Phasen zusammen zu meistern, die im Leben kommen werden, wie Pubertät, Auszug oder Ähnliches. Seid ihre härtesten Trainer und ihre allergrößten Fans!

> Papas müssen Fehler machen. Nur wenn sie echt und authentisch sind, werden ihre Kinder das auch sein.

Mamas müssen Papas machen lassen

Ein Papa kann nur richtig Papa sein, wenn die Mama ihn lässt. (Das gilt, je nach Rollenverteilung in der Familie, natürlich auch andersherum. Ich schreibe hier aus meiner Erfahrung, es gibt natürlich noch andere Familienmodelle.)

Ein Wort an uns Mamas

Lasst eure Männer Dinge machen, so wie sie es für richtig halten. Das gilt bestimmt für alle Bereiche des Lebens, aber besonders auch im Hinblick auf die Kinder. Manchmal erwische ich mich selbst dabei, dass ich meinem Andi Ratschläge und Verbesserungsvorschläge in herrischem Ton mache: »Verlange doch nicht so viel von ihr«, »Das ist doch wirklich ein bisschen zu hoch«, »Sie kann das doch noch gar nicht«, »Du setzt sie ja voll unter Druck«.

Mein Mann fordert seine Kinder gerne heraus, über sich selbst hinauszuwachsen. Er traut und mutet ihnen Dinge zu, an die ich nicht mal denken würde. Er feuert sie an und zeigt ihnen, dass er an sie glaubt. Sie schreien und jammern manches Mal vor Furcht oder Unsicherheit oder Adrenalin. Ich halte mir die Augen zu und rede allen gut zu, dass es auch nicht schlimm ist, wenn man so was nicht versucht, und dass sie es ruhig bleiben lassen können. Und dann trauen sie sich. Oft geht es gut. Der Sprung vom Felsen ins Wasser, die Schnorcheltour, die dritte Runde beim Hangeln, die schwierige Strecke mit dem Fahrrad, die eiskalte Dusche oder das Streicheln des Pferdes, vor dem man so viel Angst hat. Und dann strahlen die Augen. Das Gesicht leuchtet vor Stolz und Freude, und zwar bei beiden: bei Kindern und Vätern.

Die Kinder lernen: Mein Papa traut mir etwas zu. Er weiß, dass mehr in mir steckt, als ich denke. Er fordert mich heraus, begleitet mich und jubelt mir zu. Ich schaffe und kann etwas. Das nennt man Selbstwirksamkeit. Wie anders solche

Situationen verlaufen, wenn wir Mütter uns einmischen. Wenn wir denken, dass wir alles besser wissen und machen. Unsere Kinder werden unsicherer und besorgter und ängstlicher. Unsere Männer verlieren irgendwann die Motivation und die Lust, mit den Kindern Dinge zu tun, weil sie das Gefühl bekommen, dass sie ja eh nie etwas richtig machen können. Und das wollen wir ja auf keinen Fall, oder?

Das fängt schon beim Neugeborenen an. Der Vater versucht, das Kind zu wickeln, er bringt die Windel aber nicht genau so an, wie die Mutter es für richtig hält, und bekommt sofort eine Belehrung. Ich finde, dass beide Eltern sich erst mal mit der richtigen Babypflege und dem Umgang mit dem Baby vertraut machen müssen: Wie geht das alles und was ist der beste Weg für mich? Ich ermutige uns Frauen, dass wir einen guten Weg finden, unseren Männern Dinge zu zeigen und zu erklären, wie wir sie als gut empfinden, und ihnen trotzdem die Freiheit zu lassen, sie auf ihre Weise zu tun. Wenn wir ihnen erlauben, auch neue Wege auszuprobieren, können wir uns am Schluss vielleicht tatsächlich noch eine bessere Lösung von ihnen abschauen. Und vor allem geben wir unseren Männern eine Chance, ihre ganz eigene Beziehung zum Baby aufzubauen. Ihren eigenen Lieblings-tragegriff mit ihnen herauszufinden, sich ganz eigene Lieder und Reime auszudenken, eine andere Badehaltung auszuprobieren und ganz eigene Rituale zu schaffen. Das Baby merkt sowieso, ob es gerade mit Mama oder Papa unterwegs ist. Und wenn ihm etwas nicht passt, wird es sich schnell lautstark zu Wort melden. Und auch dann: Seien wir langsam zur Kritik und abwertenden Bemerkungen und versuchen gemeinsam mit unseren Männern, Lösungen zu finden. Trauen wir als Frauen unseren Männern etwas zu. Lassen wir sie ihre eigenen Wege finden. Auch sie wollen erleben, dass sie es schaffen. Dass sie alleine einen Weg finden und sich um ihr Baby kümmern können, so wie es eben geht. Feuern wir unsere Männer darin an, anstatt sie kleinzuhalten. Geben wir die Kontrolle ab, sie lieben unsere Kinder genauso wie wir. Seien wir froh und dankbar, wenn sie sich trauen, das Baby für sich zu entdecken. Ermutigen und danken wir ihnen mehrmals und oft. So toll, wenn wir Männer haben, die ihre Kinder lieben und Zeit mit ihnen verbringen. Beißen wir uns auf die Zunge, wenn das Outfit nicht unseren Wünschen entspricht, halten wir den Mund, wenn das Badewasser ein Grad zu kühl ist, unterlassen wir Kommentare, wenn der Papa das Kind zu Grenzleistungen anfeuert. Besser wir gehen raus und versprühen kein Gift, sondern beten lieber intensiv. Später werden wir dann meistens merken, dass das Band zwischen Vater und Kind noch enger ist als vorher, und können uns darüber freuen.

Natürlich ist es auch manchmal wichtig, dass wir als Mütter unseren Männern Dinge erklären und ihnen sagen, wie sonst der Alltag läuft und was wichtig für die Kinder ist. Es kommt jedoch sehr auf die Art und Weise an, wie wir dies tun. Belehrend und besserwisserisch oder informativ und liebevoll. Das ist oft ein schmaler Grat. Weil Rhythmus und Stetigkeit sehr wichtig sind für Kinder, aber es auch genauso wichtig und vor allem schön ist, eine Pause und Abwechslung vom Alltag zu haben.

Das erste halbe Jahr als Papa

In den ersten Monaten kann sich das Baby nur auf eine, nämlich die primäre Bindungsperson fixieren, sie ist existenziell notwendig für das Baby. Meist und logischerweise ist das die Mama. Natürlich ist es von Anfang an unersetzlich für die Familie, dass der Papa da ist, aber im Bewusstsein des Babys entwickelt er sich erst nach ca. einem halben Jahr zu der nächsten grundlegend wichtigen Bezugsperson. Vorher hat das Baby für eine zweite Bindungsperson noch keine wirkliche Kapazität.[21] Trotzdem bin ich überzeugt, dass es einen großen Unterschied macht, wenn er da ist und sich liebevoll um sein Baby kümmert und bemüht. So hört es weiterhin seine

143

Stimme, spürt seine Liebe und Nähe und der Papa gehört von Anfang an zu seiner Welt dazu. Und vor allem für seine Frau ist er in dieser ersten Zeit ganz unglaublich wichtig. Um ihr Baby optimal zu versorgen, braucht sie seine Hilfe. Oft emotional, aber auch ganz praktisch.

In den ersten Monaten mit Baby ist der Papa existenziell wichtig für die Mama.

Bei uns war es so, dass Andi in der Zeit des Wochenbetts den Besuch koordinierte oder fernhielt. Er kochte oder besorgte uns etwas zu essen, er kümmerte sich auch um andere Haushaltsdinge oder organisierte sie. Er hörte mir bei allem zu, was mich bewegte, und wir beratschlagten alle noch so kleinen Dinge zusammen. Er nahm mich darin ernst und spielte die Sachen nicht herunter. Er musste alle Stimmungsschwankungen aushalten und mich entweder trösten oder runterbringen. Es war so gut für mich, dass ich nicht alleine mit diesen ganzen neuen Dingen zurechtkommen musste, sondern er an meiner Seite war und wir gemeinsam diese neue Welt entdecken konnten. Oft wickelte er die Töchter. Und das ausgiebig, was beiden meistens sehr gefiel (des Öfteren wurde er angepiesel, weil sie so viel Zeit auf dem schönen warmen Wickeltisch verbrachten). Er erfand ein Lied mit Magali, das wir immer noch mit Tiana singen. Auch das Baden und Föhnen übernahm oft Andi. Wenn wir irgendwo wandern waren, hatte er meist die Babys im Tragetuch. Wenn sich tagsüber oder nachts ein Schreianfall zutrug, wechselten wir uns mit dem Herumtragen ab. Wenn einer das Ohr voll hatte, musste der andere ran und dann wieder von vorne. Damit der Mann vor allem in der ersten Anfangszeit so präsent und solch eine große Unterstützung für die Frau sein kann, ist es natürlich super, wenn er Elternzeit oder Urlaub hat. Aber diese Zeit ist sehr effektiv genutzt, sie schweißt Mann und Frau ungemein zusammen und legt eine starke Grundlage für das Leben als Familie.

Aber auch in der Zeit danach, wenn ihr als Männer wieder an euren Arbeitsplatz zurückkehrt, könnt ihr sehr viel dazu beitragen, euer Baby und eure Liebste zu beglücken.

144

Grundsätzlich ist es super, wenn ihr als Männer euch bewusst macht, dass eure Frau plötzlich in einer komplett anderen Lebenswelt lebt. Nicht mehr wie ihr in der Berufswelt, sondern in der Babywelt, die 24 Stunden, sieben Tage die Woche Arbeitszeit beinhaltet. Eure Frau verlässt für ihre Arbeit nicht mehr das Haus, sondern sie lebt zu Hause. Es ist gut, zum passenden Zeitpunkt gemeinsam zu überlegen, wie man den Alltag nun anders plant und gestaltet. Nun ist es für euch beide sehr wichtig, die Arbeit des anderen zu sehen und wertzuschätzen. Jeder ist am Ende des Tages müde und angestrengt von seiner Arbeit, ganz egal, wie unterschiedlich diese ausgesehen hat. Es braucht gegenseitige Anerkennung und am besten jeden Tag ein dickes »Dankeschön für alles, was du heute für uns geleistet hast«. Jeder leistet seinen Beitrag in seinem Bereich, damit ihr als Familie leben könnt. Für euch als Papas müsst ihr einen guten Weg finden, von der Arbeit nach Hause zu kommen und dort auch noch Zeit und Energie für Kind und Frau zu haben. Manche Männer nehmen sich eine kurze Zeit alleine zu Hause, um herunterzukommen, andere, wie zum Beispiel Andi, fahren mit dem Fahrrad zur Arbeit und können dann so auf dem Nachhauseweg abschalten. Auch sonst ist es als Papa wichtig herauszufinden, wo ihr eure Kraft einsetzen möchtet. Welche Hobbys oder Mitarbeit euch wirklich wichtig sind und welche ihr eventuell aufhören müsst. Wenn ein Baby dazukommt, kann man nicht gleich weiterleben wie davor. Es braucht Zeit und Zuwendung. Also muss die Zeit neu eingeteilt werden. Wir haben die Chance, unser Leben neu auszurichten und uns zu überlegen, welche Dinge uns in dieser neuen Phase wichtig sind und anvertraut wurden. Wir müssen lernen, dass wir zu anderen Sachen »Nein« sagen müssen, wenn wir zu unseren Kindern »Ja« sagen. Nicht zu allen, aber zu manchen. Wir müssen lernen, damit zurechtzukommen, dass andere das nicht verstehen werden und vielleicht sogar beleidigt oder sauer sind, wenn wir ein Hobby oder eine Mitarbeit in der Gemeinde niederlegen. Dazu sind wir nicht nur in der Kinderphase herausgefordert, sondern eigentlich in jedem neuen Abschnitt unseres Lebens: Ehe, Kinder, berufliche Veränderung, Wohnortswechsel und was es sonst noch alles für Dinge gibt. Wir sind für unser Leben und unsere Zeit verantwortlich. Wir leben vor Gottes Angesicht und müssen immer wieder mit ihm abklären, wo wir unsere Gaben einsetzen und unsere Zeit investieren sollen. So lange, bis eine neue Phase angebrochen ist oder sich die Prioritäten verändern. Wir können uns nicht davon abhängig machen, was andere von uns erwarten oder sich von uns wünschen. Sonst vergeuden wir unsere Talente und unsere Kraft.

Was die Sache mit den Kindern einzigartig macht, ist die Tatsache, dass sie uns nur für eine Weile anvertraut sind. Sie werden uns geschenkt, wir sind für sie verantwortlich, und dann lassen wir sie Stück für Stück los, bis sie in die Welt hinausziehen. Ungefähr 18 Jahre lang sind sie uns anbefohlen. Wir haben die Verantwortung dafür, wie wir diese uns anvertraute Zeit mit ihnen nutzen und gestalten. Dazu fällt mir ein Statement von Bill Johnson ein: Er wusste immer, dass Gott mit ihm vorhatte, Bücher zu schreiben. Aber er wusste auch, dass er seine Kinder nur für eine Weile hatte, und deshalb wartete er mit diesem Traum, bis seine Kinder erwachsen waren. Wow, was für eine Priorität! (Da bekomme ich doch glatt ein schlechtes Gewissen.)

Papa sein

Wenn wir ehrlich sind, sehnt sich jeder von uns danach, die Anerkennung und das Wohlwollen seines Vaters zu bekommen – auch als Erwachsene noch. Wenn wir die Worte »Ich bin so stolz auf dich!« aus dem Mund unseres Vaters hören, berührt das unser Herz ganz tief. Das gilt wahrscheinlich für beide Elternteile, Mutter und Vater, aber ich habe das Gefühl, dass der Papa hier irgendwie eine ganz besondere Rolle spielt.

Unser Selbstbild und unser Selbstwert wurden essenziell von unserem Vater geprägt.

»Bin ich gut so, wie ich bin? Reiche ich aus? Wie erlebe ich mich? Was kann ich? Was traue ich mir zu? Wer glaubt an mich? Kommt das Beste in mir zum Vorschein? Wie verhalte ich mich gegenüber Autoritätspersonen? Was habe ich für ein Bild von mir selbst?«

Auf viele dieser Dinge finden wir dadurch eine Antwort, indem wir uns anschauen, wie unser Vater mit uns umgeht oder umgegangen ist. Auch hier ist aber wieder ein tiefes Ausatmen nötig: Jeder Mensch macht Fehler – auch Väter –, und das wird auch immer so bleiben. Wir alle werden im Lauf unseres Lebens verletzt und in manchen Bereichen falsch geprägt. Mit Jesus haben wir aber die Möglichkeit, alle diese negativen Prägungen aufzudecken und sie durch ganz neue, gesunde Gedanken zu ersetzen.

Aber nicht nur, wie wir uns selbst sehen, auch das Bild, das wir von Männern grundsätzlich haben, wurde durch unsere Väter geprägt.

Für kleine Jungs ist klar: »Wenn ich groß bin, werde ich so sein wie mein Papa, denn so sind Männer.« Ihr Bild davon, wie ein Mann sich verhält, wie er redet, sich anzieht, mit Frauen umgeht usw. formt sich durch ihren Vater. »Ich werde freundlich zu anderen Leuten sein, weil mein Papa freundlich ist«, oder »Ich schaue anderen Frauen hinterher, weil mein Papa das tut.«

Das gilt im Positiven wie im Negativen. Dennoch haben wir einen Gott, der alle Theorie auf den Kopf stellen kann. Andis Papa verließ seine Familie, als Andi neun Jahre alt war. Auch davor hatte sein Vater nicht viel Zeit mit ihm verbracht, da er viel arbeitete. Für eine lange Zeit weinte Andi jeden Abend und betete. Und jeden Abend schenkte Gott ihm so viel Frieden, dass er einschlafen konnte. Gott schenkte seiner Mama einen neuen Mann, der viel Gutes in die Kinder hineinlegte. Heute ist Andi einer der besten und liebevollsten Väter, die ich kenne. Er nimmt sich sehr viel Zeit für seine Kinder, ist absolut verlässlich und gibt uns hundert Prozent. Obwohl sein leiblicher Vater ihn verlassen hat, ließ er es zu, dass Gott selbst sein Vater wurde und so sein Vaterbild prägte. Gott kann jedes noch so schlechte Vaterbild verändern und heilen, wenn wir ihn darum bitten. Dazu später mehr.

Auch Mädchen lernen durch ihren Vater: »Wenn ich groß bin, werden Männer so mit mir umgehen, wie mein Papa mit mir umgeht, denn so sind Männer.« In ihren Augen reden Männer so, wie ihr Papa es tut, Männer verhalten sich so wie ihr Papa usw. Sie leiten auch ihren eigenen Wert davon ab, wie ihr Vater mit ihnen umgeht: »Ich bin wertvoll, weil mein Papa so wertschätzend mit mir umgeht«, oder »Ich bin nichts wert, deshalb verdiene ich es, dass mein Papa mich nicht beachtet.«

Auch hier gilt das Gleiche: Unser Gott macht alles neu. Wenn ihr schlechte oder schlimme Sachen mit und durch euren Vater erlebt habt, muss das nicht für immer in eurem Herzen bleiben. Bittet Jesus darum, besonders eurem Papa vergeben zu können. Das muss nicht sofort sein, sondern ist sogar meistens ein langer Prozess. Lasst ihn aus dem Gefängnis in eurem Herzen frei, dann werdet auch ihr Freiheit erleben. Gott kann euer Vaterbild ganz neu machen. Bittet ihn darum, das falsche Bild zu löschen und euch zu zeigen, wie er als Vater ist. Und dann lasst euer Herz mit dieser Wahrheit und diesem Gottesbild füllen.

Was könnt ihr als junge Papas nun ganz konkret tun, damit eure Kinder ein gutes Vaterbild aufbauen und ihr eine Herzensbeziehung zu euren Kindern entwickeln könnt?

In unserer Familie war das so: Wir fanden bei einem Persönlichkeits-coaching heraus, dass es ein Teil von Andis »Berufung« ist, ein Vater zu sein, also nicht nur für seine Kinder, sondern auch im übertragenen Sinn für andere Menschen. Für seine eigenen Töchter hat er zusätzlich eine ganz besondere Liebe und Energie bekommen. Das trägt sehr viel dazu bei, dass wir mit unseren vier kleinen Kindern ganz gut zurechtkommen und oft noch relativ fröhlich dabei sind. Ich möchte dadurch aber auf keinen Fall Druck auf euch andere Papas ausüben. Was mir wichtig ist: Jeder ist ganz anders gemacht und hat unterschiedliche Gaben bekommen. Ihr seid auserwählt, die besten Papas für eure Kinder zu sein.

> Ihr seid auserwählt, die besten Papas für eure Kinder zu sein.

Wenn ihr euch aufmacht, eine Herzensbeziehung zu euren Kindern zu suchen, werdet ihr eine finden. Denn wenn sie merken, dass ihr sie lieb habt und gerne mit ihnen Zeit verbringt, ist das ein Geschenk des Himmels für sie. Ihr müsst nicht perfekt sein und dürft Fehler machen. Es ist sogar wichtig für eure Kinder zu erleben, dass ihr auch nicht unfehlbar seid. Dadurch lernen sie, wie man Fehler bereinigt, einander vergibt und Wiederherstellung stattfinden kann.

Ganz praktisch sieht Vater-Kind Beziehung in unserem Alltag folgendermaßen aus: Andi nimmt seine Mädels einfach überallhin mit. Er hat null Probleme damit, mit allen Mädels samstags in den Baumarkt zu gehen. Oder auf die Mülldeponie zu fahren. Oder auch mit Baby im Tragetuch und Kleinkind im Tragerucksack Rasen zu mähen. Er macht gern Fahrradausflüge mit ihnen, wobei zwei Mädels im Anhänger sitzen und zwei auf ihren Fahrrädern hinter ihm herfahren. Regelmäßig übernahm er freitags nach seiner Arbeit alle Kinder von nachmittags bis abends, damit ich schreiben konnte – und brachte sie auch alle ins Bett.

Außerdem versuchen wir beide, immer wieder auch Zeit mit einer Tochter allein zu verbringen, denn das ist für die Beziehungsbildung wahres Gold: sich ganz auf ein Kind konzentrieren zu können und es ganz neu zu erleben. Andi liebt diese Zeiten. Wenn die Kinder älter werden, gibt es unendliche Möglichkeiten, was Kinder mit Papa alleine (oder auch mit Mama alleine) unternehmen können: besondere Ausflüge (auch mal übers Wochenende) oder auch nur kleine Notwendigkeiten mit einem Schnellrestaurantbesuch verbinden. Der Fantasie sind hierbei keine Grenzen gesetzt. Es braucht eine gute Beziehung, Motivation und ein bisschen Planung. Andi möchte seinen Töchtern gerne alles zeigen, was für ihn als Kind schön war. Er spielt Spiele mit ihnen, baut Pfeil und Bogen, pflanzt Blumen, backt Kuchen, erfindet Olympiaden zum Kindergeburtstag und, und, und. Was ihm selbst Spaß macht, versucht er auch ihnen nahezubringen und sie dafür zu begeistern. Und meistens funktioniert das auch. Er überlegt sich etwas, bereitet es vor, und die Mädels lieben es, mit ihrem Papa etwas zu unternehmen.

Puh, mag manch einer denken und manche Frau wird bei diesen Zeilen vielleicht etwas neidisch werden. Aber das ist nicht meine Absicht. Andi macht das alles, weil er es so möchte. Aber nicht jeder Papa muss das so machen. Jeder ist anders. Andi hat eine sehr aktive und motivierte Persönlichkeit, was für unsere Mädels genau das Richtige ist. Ihr habt genauso etwas, was eure Kinder brauchen: Gaben, Fähigkeiten und Dinge, die euch begeistern und die ihr euren Kindern weitergeben dürft. Ich denke, dass es am wichtigsten ist, sich einfach bewusst Zeit für seine Kinder zu nehmen. Sich Dinge zu suchen, die einem auch selbst Spaß machen, oder sich auf etwas ganz Neues einzulassen und zu entdecken, dass es Spaß macht. Es hilft, sich diese Zeiten bewusst in den Kalender einzutragen, weil sie sonst im Alltag oft unter den Tisch fallen. Für die Kinder jedoch sind diese Papa-Zeiten ganz besonders wertvoll und bleiben oft für immer in ihrem Gedächtnis.

Frage an alle, die bald Papa werden oder schon sind: Was macht ihr gerne? Was macht euch Spaß? Was macht euer Kind gerne? Findet einen Weg, wie ihr bewusst Zeit miteinander verbringen könnt, die euch beiden gefällt.

Je älter die Kinder werden und je ausgeprägter ihre Persönlichkeit wird, geht es mehr und mehr darum, sich auf sie und ihre Interessen einzulassen. Das bedeutet, dass man auch mal Dinge tut, die man sich selbst vielleicht nicht unbedingt ausgesucht hätte. Unsere größeren Töchter finden es total toll, sich »Barbie«-Videoclips anzuschauen. Andi findet sie echt hohl und ich auch, was wir ihnen schon mehrmals erklärt haben. Trotzdem setzte er sich letztens mit seinen Mädels aufs Sofa und schaute sich gemeinsam mit ihnen »Barbie und die große Hundesuche« an. Das ist echt bemerkenswert, weil er obendrein noch überhaupt kein Hundefan ist. Die Mädels fanden es sehr schön. Wir als Eltern brauchen unbedingt eine gute Verbindung zu unseren Kindern, auch wenn es uns manches Mal einiges an Überwindung kostet.

Vaterbild prägt Gottesbild

Unbewusst trägt jeder uns ein unvollständiges Bild von Gott dem Vater in sich. Das ist so, weil wir automatisch ein Bild unseres leiblichen Papas im Kopf haben, wenn wir mit Gott als unserem Vater im Himmel bekannt gemacht werden. Kein Papa war je fehlerfrei und kein Papa wird je fehlerfrei sein. Das ist mal die entspannende Nachricht. Kein Mensch auf dieser Welt kann ein perfekter Vater sein und Gott, den Vater im Himmel, völlig richtig repräsentieren. Jeder von uns braucht in diesem Bereich Hilfe und Heilung von Gott selbst, damit unser Bild von ihm geradegerückt wird und wir näher an sein Herz wachsen können. Und jeder Mensch braucht mit sich selbst Gnade und Barmherzigkeit, weil er, trotz der besten Motive, viele Fehler machen wird. Es braucht Mut, sich dessen bewusst zu sein und trotzdem motiviert zu bleiben, sein Bestes zu geben. Denn ihr Papas könnt wirklich viel dafür tun, dass eure Kinder einen Vater erleben, der in Teilen Eigenschaften Gottes widerspiegelt.

Gott hat viele Eigenschaften, deswegen habe ich einfach mal ein paar rausgesucht, die ich passend zu diesem Thema finde:

- Gott ist da. Ich kann zu ihm kommen, wenn ich ihn brauche.
- Gott ist mir nah. Er interessiert sich für mich, und ihm ist es wichtig, wie es mir geht.
- Gott liebt mich nicht wegen meiner Leistung. Egal, was ich tue, er zeigt und sagt mir, dass er mich liebt.
- Ich kann Gott vertrauen. Ich weiß, dass ich mich auf ihn verlassen kann.

Viele Merkmale Gottes kann kein Mensch repräsentieren, wie zum Beispiel, dass er allmächtig, allwissend, allgegenwärtig, der Schöpfer von allem ist (auch wenn manche Menschen das vielleicht gerne wären) ... Gott ist Gott. Wir werden ihn hier auf der Erde niemals ganz in seiner Größe und Macht erfassen können. Und das müssen wir auch nicht. Aber einige der Eigenschaften Gottes, die ich oben aufgeschrieben habe, werden leichter greifbar für unsere Kinder, wenn sie sie bei uns erlebt haben. Und das sind ja einfach ganz grundlegende Wahrheiten. Kinder brauchen Zeit und Liebe und Aufmerksamkeit. Nicht nur das, was von unserem restlichen Leben übrig bleibt. Wie ich schon in den vorherigen Kapiteln geschrieben habe, haben wir die Zeit mit unseren kleinen Kindern nur jetzt. Später werden sie groß sein und ihr Bild von einem Vater wird sich gefestigt haben. Die Kleinkinderzeit ist oft eine krasse Phase im Leben: Man ist mit Hausbau oder -umbau beschäftigt, die Karriere startet so richtig durch, die Familie ist in der stressigen Gründungsphase und geistliche Ämter werden verantwortungsvoller. Und dann gibt es auch noch persönliche Hobbys und Dinge, die man gerne macht. Das alles braucht Zeit, Kraft und Energie. Wir müssen lernen, Prioritäten und Grenzen zu setzen. Vor allem ihr lieben Männer: Ihr habt 24 Stunden am Tag, jeder will etwas von euch. Aber eure jungen Kinder sind die Einzigen, die euch wirklich brauchen. Ihr habt mit ihnen nur einige Jahre, die wirklich richtig wichtig sind. Danach seid ihr immer noch extrem wichtig für sie, aber ihre Persönlichkeit wird dann schon mehr gefestigt sein. Ihr habt die Chance und Verantwortung, präsent in ihrem Leben zu sein, zu wissen, was sie bewegt, ihnen zu zeigen, dass sie geliebt sind, in Worten und Taten, Zeit mit ihnen zu verbringen, sie herauszufordern, das Beste in ihnen hervorzubringen, ihr Selbstvertrauen zu bilden und so vieles mehr. Ihr legt göttliche Prinzipien und Grundlagen in eure Söhne und Töchter hinein.

Ganz wichtig: Mit all diesen tollen Worten soll kein Druck aufgebaut werden! Ihr dürft Fehler machen und seid auf dieser Reise nicht alleine. Euer Papa im Himmel möchte euch mit allem ausrüsten, was ihr für diese große Aufgabe braucht. Ihr müsst nicht aus eigener Kraft und Weisheit diese riesige Aufgabe bewältigen. Bleibt vor allem an seinem Herz und lernt ihn als perfekten Vater immer besser kennen. Damit werden auch eure Kinder ihn immer besser kennenlernen. Das beste Ziel, das wir haben können, ist, dass unsere Kinder lernen, zu Gott zu kommen, so wie wir zu Gott kommen. Ihm danken, ihn bitten, ihn um Vergebung bitten, ihn anbeten. Wir werden nie den perfekten Vater vorleben, aber wir können ihnen zeigen, wie sie selbst zum perfekten Vater kommen.[22]

Was habt für ein Bild von Gott dem Vater? Bittet Gott, euch zu zeigen, wie er wirklich ist, und macht euch in eurem eigenen Tempo auf den Weg, eurem leiblichen Vater zu vergeben, damit ihr näher an Gottes Vaterherz kommen könnt.[23]

Liebe muss sich ausdrücken – in Worten und Taten

Nachdem wir uns angeschaut haben, wie wichtig es für Kinder ist, Zeit mit ihren Vätern zu verbringen, liegt mir noch ein Thema sehr am Herzen. Ich bitte euch Papas: Bitte macht euren Mund auf und redet. Sagt euren Kindern (und Frauen), was ihr denkt. Vor allem, was ihr über sie denkt. Was euch freut, was euch stolz macht, was ihr toll findet. Denn das formt ihr Selbstbild und ist prägend für ihre Identität. Lasst nicht andere bestimmen, was eure Kinder von sich denken. Lasst sie nicht erraten, was ihr Vater wohl von ihnen hält. Sprecht es aus, auch wenn es Überwindung kostet. Es ist so unglaublich wertvoll. Eine Frau, die ihren 50. Geburtstag feierte, erzählte mit Tränen in den Augen, dass sie an diesem Tag zum ersten Mal den Satz aus dem Munde ihres Vaters gehört hatte, nach dem sie sich schon ihr ganzen Leben lang gesehnt hatte: »Ich bin so stolz auf dich!« Wartet nicht, bis eure Kinder 50 sind oder etwas Besonderes leisten.

Sprecht aus, was sowieso schon in eurem Herzen ist: dass ihr sie liebt, egal, was sie tun.

»In den ersten Lebensjahren besteht die Aufgabe eines Vaters vor allem darin, körperliche Nähe und ein Gefühl der Geborgenheit zu vermitteln.«[24] Zeigt es euren Lieben auch durch eure Taten, dass ihr sie lieb habt. Gebt ihnen Körperkontakt: miteinander balgen, Hochschmeißen und Auffangen, Kuscheln, Toben, Pferdchen und Fangen spielen, Herumwirbeln und was euch noch alles einfällt. Körperkontakt ist so wichtig, vor allem für kleine Kinder. Manche Kinder wollen das mehr, manche nur dosiert. Findet heraus, was eure Kinder möchten. Kinder lieben es, mit ihren Papas herumzutollen, sei es draußen oder drinnen. Gestaltet diese Zeit, die ihr mit euren kleinen Kindern habt. Ich kann gar nicht oft genug sagen, wie schnell sie groß sein werden und es gar nicht mehr cool finden, viel mit euch abzuhängen. Dann zählt es, dass ihr eine Herzensbeziehung zu ihnen habt. Zeit und Gelegenheit, diese Beziehung aufzubauen, habt ihr besonders in den ersten Jahren im Leben von euren Kindern. Wenn diese Grundlage einer Beziehung besteht und sie ein Leben lang gepflegt wird, ist sie ein unschätzbar wertvolles Band zwischen Papa und Kind, das nicht so leicht getrennt werden kann.

> Wartet nicht, bis eure Kinder 50 sind oder etwas Besonderes leisten. Sagt ihnen heute, dass ihr stolz auf sie seid und dass ihr sie lieb habt.

Väter in einer vaterlosen Zeit

Viele Kinder wachsen ganz ohne Papa auf oder mit immer wieder wechselnden Papas oder mit Papas, die ihre Vaterrolle nicht richtig ausfüllen. Väter, die nur Kumpels sein wollen, oder Väter, die sich wie Diktatoren aufführen. Väter, die emotional oder körperlich abwesend sind, weil sie nur an ihrer Karriere interessiert sind. Väter, die ihren Kindern nur Beachtung schenken, wenn diese richtig »funktionieren«. Väter, die traumatisiert durch ihre eigenen Väter sind und dieses Muster weiterleben. Wir brauchen Väter nach dem Herzen Gottes. Männer, die ihre Frauen und Kinder lieben, wie Jesus die Gemeinde liebt. Männer, die Fehler machen. Männer, die Mut haben, Versagen einzugestehen, sich entschuldigen und Vergebung erbitten. Männer, die aus der Gnade leben. Männer, die Jesus lieben und bereit sind, auch Opfer für ihre Liebsten zu bringen. Männer, die ihre Rolle als Oberhaupt der Familie einnehmen und sich aufmachen, die Diener von allen zu sein. Männer, die sich nicht auf ihre eigene Kraft verlassen, sondern die Kraft Gottes in Anspruch nehmen. Männer, die sich trauen, Verantwortung wahrzunehmen, und sich einsetzen und einmischen in ihre Familien. Männer, die Standards setzen und diese erklären. Männer, die aktiv leben und nicht gelebt werden.

> Wir brauchen Väter nach dem Herzen Gottes. Männer, die ihre Frauen und Kinder lieben, wie Jesus die Gemeinde liebt.

Weil so viele Männer sich gar nicht mehr trauen, ihre wirkliche Rolle einzunehmen, brauchen wir euch Papas umso mehr. Nicht nur eure Kinder, auch die Freunde eurer Kinder, eure Nachbarskinder, eure Arbeitskollegen, eure Fußballkumpels, wirklich alle Leute um euch herum brauchen euch. Viele Männer wissen nicht (mehr), was es heißt, ein Vater zu sein. Durch euer Leben werden sie sehen und schmecken, wie ein Mann ein Vater ist. Sie werden einen Abglanz bekommen, wie Gott der Vater ist und wie er euch Männer geschaffen hat.

Deutschland ist Vaterland! Unser Land ist berufen, Väter hervorzubringen. Ihr seid ein Teil davon. Wir brauchen euch! Ihr Papas, traut euch, eure Familie zu »regieren«. Als Oberhaupt und gleichzeitig Diener mit allen Fehlern und Macken. Zeigt euch, findet euren ganz eigenen Weg und Stil heraus, denn ihr seid wichtig.

9. Gefühlschaos und Wutausbrüche – Sich selbst ganz neu kennenlernen

Ich kann mich noch genau an meinen ersten Wutanfall als Mama erinnern. Magali war im Krabbelalter und hat sich grad überall hochgezogen. Eines Morgens war ich im Bad und sie hat in der Küche herumgewurschtelt. Ich habe gehört, wie sie Schränke aufmacht und darin rumsucht und Sachen herauszieht. Ich dachte mir: »Egal, ist ja nicht so schlimm, wenn auch mal was rausfällt. Das kann man ja alles wieder einräumen. Ich genieße jetzt meine Zeit alleine im Bad.« Als Nächstes hörte ich, dass etwas herunterfiel und sich dann ganz viele kleine Sachen auf dem Fliesenboden verteilten. Das konnten nur die Schokoflakes sein. »O.k.«, dachte ich. »Einmal tief durchatmen, ist ja nicht so schlimm. Irgendwie ist es ja auch lustig, ich werde also gleich ganz cool reagieren, ein Foto machen und es dann später allen zeigen.« Das war der Plan. Also lief ich ins Wohnzimmer und sah die Bescherung: Magali saß tatsächlich inmitten eines riesigen Berges Schokoflakes, die auch noch auf dem ganzen Küchenboden verteilt waren. Erst lachte ich wie geplant einmal kurz, aber mit dem Foto wurde es dann schon nichts mehr, weil mich ganz plötzlich ein bis dahin so noch nicht gekanntes Gefühl überkam: ohnmächtige Wut. Ich riss mein Baby hoch und schrie Magali an: »Warum hast du das gemacht?«

In der nächsten Sekunde schämte ich mich total und war völlig perplex wegen meiner unangemessenen Reaktion. Sie war ja noch ein Baby und hat überhaupt nicht verstanden, was sie gemacht hatte. Ich war geschockt über mich selbst und bekam damals eine Ahnung davon, was es bedeutet, Kinder zu haben. Man findet sich selbst in Situationen wieder, die man noch nie zuvor erlebt hat und die einen aus seiner Komfortzone herausholen. Man kann nicht mehr nur das tun, was man gerade will, sondern muss lernen, sich auf verschiedenste Überraschungen einzustellen, die von nun an Teil des Lebens sein werden. Man erlebt eine komplett neue Bandbreite von Gefühlen. Nichts kann einen wirklich darauf vorbereiten. So wie es meine Freundin Jul passend ausdrückte, können es bestimmt alle Eltern nachempfinden: »Ich hätte nie gedacht, dass ich so sein kann.« Dieses Kapitel handelt davon, in welchem Zwiespalt man als Eltern steht: Man weiß, was richtig wäre, und macht trotzdem oft wieder die gleichen Fehler. Die erlösende Nachricht, die ich für mich gefunden habe ist: Gnade und Zuversicht. Wir als Christen dürfen Vergebung in Anspruch nehmen und haben einen Gott, der viel größer ist, als wir denken, und der uns gebraucht, genau mit unseren Fehlern.

Stolz, Gelassenheit und Gnade

Als ich noch kinderlos war, bekam ich manchmal mit, wie Eltern ihre Kinder behandelten. Sehr oft dachte ich: »Also, so werde ich niemals mit meinem Kind umgehen. Ich werde immer eine coole und freundliche Mama sein. Ich würde mein Kind nie so grob anfassen. Das geht ja gar nicht, wie genervt diese Mutter ist. Der Tonfall ist ja voll schrecklich. Ich werde das nie so machen. Ich mache das so und so und so …« Ich bildete mir ein, dass ich eine wirklich freundliche Person sei und es mir generell wenig Schwierigkeiten macht, andere zu lieben und so anzunehmen, wie sie sind. Ich war insgeheim immer ein bisschen stolz darauf und blickte auf andere herab, die damit Schwierigkeiten hatten.

Dann bekam ich Kinder und musste feststellen: Ich hatte ja keine Ahnung. Keine Ahnung von den Gefühlen, die kopfstehen, wenn man plötzlich einen kleinen Menschen in der Hand hält, für den man ganz allein verantwortlich ist. Der Tag und Nacht da und komplett von mir abhängig ist. Ich lernte mich selbst ganz neu kennen und mein Selbst- und Gottesbild veränderte sich ganz grundlegend.

Wie wir schon in einem vorherigen Kapitel gesehen haben, glaube ich, dass Gott selbst Kinder gebraucht, um uns zu lehren. Er zeigt uns unser Spiegelbild, um uns von unserem Stolz zu heilen. Er möchte unseren Charakter schleifen und uns barmherzig werden lassen. Er heilt uns von unserer falschen Sicht auf uns selbst und zeigt dann aber auch, wie er ist: voller Gnade und Barmherzigkeit. Durch meine Kinder wurde ich geheilt von meinem falschen Stolz auf mein eigenes »Gutsein«, denn ich musste erfahren, dass ich eben nicht immer gut bin. Das ist oft schmerzhaft und treibt mir die Tränen in die Augen. Es ist aber auch befreiend, sich auf dieser Reise zu befinden und immer wieder zu meinem Papa im Himmel zu rennen, um ihm alles hinzuwerfen und um Vergebung zu bitten. Es ist ernüchternd, das zu erleben – und gleichzeitig sehr heilsam. Dadurch werde ich viel barmherziger mit anderen Leuten. Ich merke, wie Jesus mir sanft zeigt, wie sehr ich ihn in Wirklichkeit brauche und was er für mich getan hat. Das ist so wunderbar.

Durch diese Unvollkommenheit, der ich jeden Tag neu begegne, lerne ich immer mehr, dass ich es nicht schaffe, alleine für die gute Entwicklung meiner Kinder verantwortlich zu sein. Ich muss und darf sie stattdessen in Gottes Hände abgeben und merke, dass es eigentlich ein Wunder ist, dass sie trotz meines Versagens zu tollen Kindern heranwachsen. Das Allerbeste, was ich dabei für sie tun kann, ist es, für sie zu beten. Und nicht mal das schaffe ich immer zuverlässig. Aber, meine lieben Mamas, meine lieben

Papas, Gott ist gut und Gott ist freundlich. Ihr dürft dieser riesigen Aufgabe gelassen und zuversichtlich ins Auge blicken. Er rechnet euch eure Sünden nicht mehr zu[25]. Er kennt euch ganz genau und weiß, wie unfähig ihr in manchen Dingen seid. Er steht da drüber und hat kein Problem damit. Er hat Möglichkeiten und Wege, von denen ihr nicht zu träumen wagt.

In diesem Bereich sind wir unseren Kindern relativ ähnlich. Wir haben ein Erziehungsbuch, das absolut empfehlenswert ist. Es ist von Danny Silk und heißt »Erziehung mit Liebe und Vision«.[26] Er beschreibt darin auch diese grundlegenden Wahrheiten:

> **Kinder sind professionelle Fehlermacher, das ist ein Teil ihres Lernprozesses.**

Kinder sind professionelle Fehlermacher. Unsere Kinder sind keine Erwachsenen, sondern eben Kinder. Sie müssen testen, ausprobieren, erleben und Fehler machen. Es ist sozusagen ihr Beruf und ein Teil ihres Lernprozesses. Sie werden immer Dinge tun, die uns Erwachsenen Umstände bereiten, die wir nicht verstehen und die wir nicht gutheißen.

So wie Kinder machen auch wir Erwachsene immer wieder Fehler (wenn auch andere), doch Gott ist souverän und hat kein Problem damit. Er ist nicht wütend oder zornig, wenn wir Fehler machen. Im Gegenteil: Er hat sogar die Lösung dafür. Jesus hat ein für alle Mal für unsere Schuld bezahlt. Deshalb dürfen wir Fehler machen. Und deshalb dürfen unsere Kinder Fehler machen. Wir dürfen gelassen sein, weil Gott völlig gelassen mit unseren Fehlern umgeht.

Mit Wutanfällen umgehen

Wir müssen in den Kindergarten. Obwohl ich genug Zeit eingeplant hatte, sind wir spät dran. Der Esstisch ist noch nicht abgeräumt und die Brotdosen müssen noch eingepackt werden. Das Baby schreit. Ich brülle Befehle durch die Gegend: »Schuhe anziehen, Jacke holen, aufs Klo gehen.« Die Kleine kann ihre Schuhe noch nicht selbst anziehen und läuft mit ihnen in der Hand hinter mir her. Die Mittlere schaltet ab, weil es ihr zu laut ist, und legt sich auf den Boden. Die Größte ist schon bereit und steht gelangweilt und ungeduldig an der Tür und fragt, wann es losgeht. Es dauert nur wenige Augenblicke, bis ich mich nicht mehr unter Kontrolle habe und einen Wutanfall bekomme.

Situationen, in denen ich unter Zeit- oder Termindruck stehe, haben das Potenzial, eine Explosion der Gefühle freizusetzen. Das war schon ohne Kinder so, aber mit Kindern multipliziert sich der Druck. Ich möchte, dass alle ordentlich aussehen, einigermaßen pünktlich sein, zu Hause alles erledigt haben und überlege noch, was ich alles mitnehmen muss und nicht vergessen darf. Ich stehe sehr unter Druck, weil ich für all das ganz allein verantwortlich bin. Wenn dann ein Kind gerade nicht das macht, was ich gerne hätte (nämlich völlig regungslos und still irgendwo zu warten), dann ist es sehr schwierig für mich, keinen Wutanfall zu bekommen.

Alle unsere Gefühle – auch die Wut – sind erst einmal gottgegeben, unsere Aufgabe ist es, sie in guter und angemessener Weise zu äußern. Jeder Mensch hat unbewusst oder bewusst Strategien gelernt, wie er mit seiner Wut umgeht. Deshalb sieht auch der Umgang damit bei jedem etwas anders aus. Manche verändern ihren Tonfall, andere beißen fest die Zähne zusammen und sagen gar nichts mehr, ziehen sich zurück und vermeiden aus Angst die Konfrontation. Manche schlagen mit der Faust auf den Tisch, andere schmeißen Sachen durch die Gegend.

Bei mir sieht ein Ausrasten oder Wutanfall meist so aus, dass ich laut werde und schreie, weil ich allen so richtig zeigen will, wie mich alles nervt.

> Alle unsere Gefühle – auch die Wut – sind erst einmal gottgegeben, unsere Aufgabe ist es, sie in guter und angemessener Weise zu äußern.

Wenn es ganz krass kommt, schon auch mal so laut, dass mir nachher sogar der Hals wehtut.

Oft kochen meine Gefühle plötzlich über, und ich reagiere schneller, als ich denken kann. Doch in der nächsten Sekunde danach kommt das schlechte Gewissen, und es bleibt nur der Wunsch, es rückgängig machen zu können. Ich weiß, dass es nicht richtig war, und merke, wie ich Angst in meine Kinder gesät habe. Ich entschuldige mich und erkläre ihnen, dass es nicht in Ordnung ist, was ich getan habe. Dass sie nicht schuld sind. Und ich muss Wege finden und mir Hilfe suchen, mein Verhalten zu verändern. Wegzugehen, wenn mich etwas zu sehr aufregt, und erst einmal durchatmen. Oder mal zu flüstern, anstatt zu schreien.

Gewalt ist generell ein absolutes »No-Go« für uns, wir wollen unsere Kinder ohne Gewalt erziehen und versuchen es mit aller Kraft. Sie sollen kennenlernen, wie Gott Beziehung lebt, und wir möchten in unserem Zuhause die Liebe kultivieren, die alle Furcht austreibt. Wir wollen Beziehung miteinander haben, ganz ohne Angst. »Wir hauen nicht«, sagten wir den Mädels schon sehr viele Male, wenn sie sich gegenseitig körperlich zur Wehr setzen. Das gilt für die ganze Familie.

Ehrlich und echt sein

Immer wieder erlebe ich, dass es wunderbar ist, wenn wir andere Menschen an unserem Versagen teilhaben lassen. Für uns zur Entlastung und für andere zum Segen. Wir schaffen Beziehung und Nähe, indem wir echt und ehrlich sind, und können obendrein so viel voneinander lernen. In jeder Familie gibt es Gefühlschaos und Wutanfälle. Ich glaube, alle Eltern versagen an gewissen Punkten zu gewissen Zeiten. Wie ich schon oft gesagt habe, machen wir alle Fehler und werden unsere Kinder irgendwie seelisch verletzen. Johannes Hartl spricht in seinen Andachten, die er »Eltern nach dem Herzen Gottes«[27]

genannt hat, davon. Wir alle sind nicht die perfekten Eltern und können dieses Ziel nie erreichen. Das nimmt irgendwie schon mal ziemlich viel Druck heraus. Meine Eltern waren nicht perfekt, ich bin nicht perfekt und meine Kinder werden auch nicht perfekt sein. Nur einer ist der perfekte Vater: Gott. Das Beste, was wir als Eltern unseren Kindern beibringen können, ist, wohin sie rennen können, wenn sie etwas falsch gemacht haben.

Wir leben in diesem Spagat zu wissen, was richtig ist, und es doch nicht zu tun.[28] In unserer Familie haben wir alle schon viele Male versagt und werden wir auch noch einige Male versagen, aber dabei wollen wir nicht stehen bleiben. Wir wollen keine Ausreden finden, à la »So ist es halt« oder »Das passiert eben«, sondern wir wollen unser Bestes geben. Wir wollen mit unserem ganzen Herzen, unserer ganzen Kraft und ganzer Seele dafür kämpfen. Wir wollen unseren Kindern beibringen, wie sie sich selbst unter Kontrolle haben können, da ist die wichtigste Lektion erst mal die, dass sie dieses bei ihren Eltern sehen. Wir schaffen das nicht alleine, deshalb brauchen wir Jesus. Er kann alles. Seine Kraft ist in uns mächtig, und wir erleben, dass Veränderung möglich ist. Wir bitten ihn fast täglich um Hilfe und darum, dass die Frucht der Selbstbeherrschung größer wird. Wir bitten ihn um Weisheit und fragen ihn um Rat in Erziehungsfragen. Außerdem versuchen wir, uns immer wieder zu reflektieren und verschiedenste Hilfen zu finden und zu nutzen, um gelassener und ruhiger zu reagieren. Wenn ihr auch merkt, dass es euch schwerfällt, eure Kinder gut und gewaltfrei zu erziehen, ist es unbedingt zu empfehlen, euch Hilfe von außen zu suchen und damit nicht allein zu bleiben.

Gute Verhaltensweisen trainieren

Die beste Art und Weise, mit allen möglichen Situationen umzugehen, ist Humor und Gelassenheit. Oft sind Situationen, in denen etwas schiefläuft, auch diese, an die man sich später zurückerinnert und herzhaft darüber lacht. »Weißt du noch damals, als ich in die Ecke vom Kleiderschrank einen Stinki gemacht habe?«, ist eine der Lieblingsgeschichten meiner Tochter. Lasst uns jeden Moment damit rechnen, dass wir eine einzigartige Erinnerung schaffen.

Ein Witzchen in Ehren kann niemand verwehren. Um selbst bei Laune zu bleiben und manchmal auch um die Kinder abzulenken, kann ein Witz oder ein lustiger Spruch sehr hilfreich sein. Schon öfter hat Andi es dadurch geschafft, dass die Kinder ihm gebannt und still zuhörten und dass wir zwei Erwachsene sehr lachen mussten. Die Kinder müssen es nicht unbedingt verstehen, aber es sollte natürlich jugendfrei sein. Am besten eignet man sich schon vorher mal einige gute Sachen an. Lachen wirkt Wunder!

Im vorher genannten Erziehungsbuch befinden sich verschiedene Tipps, wie man es schaffen kann, trotz verrücktspielendem Kind ruhig und gelassen zu bleiben. Damit man bei verbalen Angriffen der Kinder gut gerüstet ist und diese äußerlich gut aushalten kann, reagiert man auf die Worte der kleinen Wutzwerge mit verschiedensten Füllwörtern, wie z. B. »Alles o.k.«, »Hab dich lieb«, »Kein Problem«, »Kann schon sein«, um selbst ruhig zu bleiben und sich nicht vom Kurs abbringen zu lassen. Das Kind wird perplex sein, dass Mama oder Papa sich nicht aus der Fassung bringen lassen, und lernt, dass es sich gar nicht erst lohnt, Schimpfworte zu benutzen oder theatralische Trotzanfälle aufzuführen.

Hinfallen-Aufstehen-Krone richten-Weitergehen

Jeder Mensch hat unterschiedliche Bedürfnisse. Schon in der Ehe geraten diese oftmals miteinander in Konflikt und erst recht dann, wenn kleine Kinder dazukommen. Es geht nicht alles gleichzeitig, und das verursacht Frustration und benötigt Geduld und die Fähigkeit, auch mal warten zu können. Für Babys ist das unmöglich, kleine Kinder müssen dies erst noch lernen und wir Erwachsenen sind oft auch nicht so gut darin zu verzichten, zumindest ich nicht:

Frühstück. Gerade musste ich Tiana stillen, jetzt spuckt diese auf ihre und meine Klamotten sowie auf den Boden. Carlotta sitzt unter dem Tisch mit dem Marmeladenglas und hat es soeben aufgekriegt. Kayla hampelt auf ihrem Stuhl herum und schmiert sich wahrscheinlich alles, was auf dem Tisch steht, auf ihr Brot. Magali liegt unter ihrer Decke und wartet darauf, dass ich endlich komme und ihr Klamotten bringe. Ich fühle mich ziemlich überfordert und weiß nicht, was ich zuerst machen soll, und obendrein hatte ich noch nicht mal Zeit, um selber etwas zu essen. Ich lasse meinen Frust an den Kindern aus und schreie sie eine nach der anderen an.

Dann stehe ich da, wieder einmal total konfrontiert mit meinem Versagen. Glasklar vor mir meine Schuld. Ich muss damit klarkommen, dass ich einen Fehler gemacht habe und schuldig bin. Oft weinen die Kinder dann und manchmal weine ich auch. Meist merke ich relativ schnell, dass mein Verhalten grad einfach nur daneben ist, und dann kommt es darauf an, so schnell es geht sich wieder zu beruhigen und runterzukommen. Manchmal geht das ganz von alleine, manchmal gehe ich aber auch kurz weg aus der Situation und beruhige mich woanders. Dann entschuldige ich mich bei allen Beteiligten. »Oh Mann, Leute, so will ich nicht sein, das ist nicht in Ordnung. Ich will euch nicht anschreien. Es tut mir wirklich leid. Bitte vergebt mir.« Dem Baby sage ich kurz, dass ich nicht wegen ihm geschrien habe (weil Babys immer davon ausgehen, dass man wegen ihnen schreit). Wir warten, bis die Wut verraucht ist, entschuldigen uns und sprechen uns Vergebung gegenseitig zu. Manchmal beten wir zusammen, dass Jesus uns hilft, gut miteinander umgehen zu können, manchmal bitte ich sie, für mich zu beten, dass Jesus mir hilft, eine gute Mama zu sein. Manchmal erkläre ich ihnen, warum es grade für mich schwierig war. Ich versuche, immer gleich Jesus um Vergebung zu bitten – laut oder leise –, und bringe mein Versagen ans Kreuz. »Jesus, bitte vergib mir, schon wieder versagt. Danke für deine Vergebung.« Auf diese Weise lernen die Kinder, dass jeder Mensch Fehler macht und sogar, wie man gut mit seinem Versagen umgehen kann. Sie werden gerüstet für das echte Leben und lernen, wohin sie mit all ihrem Mist kommen dürfen und Vergebung erfahren.

Oft versichere ich an diesen Tagen meinen Mädels extra oft, dass ich sie sehr lieb habe, und abends lege ich die ganze Situation noch mal Jesus hin und bete, dass er die schlechte Saat, die ich heute in ihre Herzen gesät habe, herausreißt und seine guten Samen in sie hineinlegt.

An manchen Tagen ist es damit dann einigermaßen in Ordnung, an anderen Tagen kommt und bleibt das schlechte Gewissen und die inneren Stimmen, die mich verurteilen und niedermachen. »Du bist ja eine total schlechte Mama. Du bist echt völlig überfordert. So eine Versagerin. Allen anderen passiert das nie. Was denken die Nachbarn denn jetzt über dich, bei so einem Geschrei? Deine Kinder sind geschädigt fürs Leben. Und du nennst dich also Christ?« Diese Lügen, die wie Pfeile auf uns abgefeuert werden, haben die Kraft, unser ganzes Mama-Sein und sogar unsere ganze Identität kaputt zu machen. Ich denke nur noch an mein Versagen und verdamme mich selbst dafür. Ich habe eigentlich ständig ein schlechtes Gewissen und das Gefühl, meinen Job eh nicht gut genug machen zu können.

Der Teufel hasst mich und möchte, dass ich dabei mitmache, mich zu hassen. Er lügt mir all die Verdammnisgedanken vor, und wenn ich ihm zuhöre, wird er mich immer weiter anklagen. Beim Lesen eines Buches von Joyce Meyer[29] sank eine ganz tiefe Zuversicht in mein Herz! Wenn Gott mich anschaut, sieht er mich mit einem Herzen, in dem Jesus wohnt. Er sieht, dass ich ihm ernsthaft gefallen möchte, und wenn ich das Versagen Jesus ans Kreuz bringe, gibt es kein Leben unter einer schwarzen Wolke von Schuld mehr. Ich darf frei sein und mit erhobenem Haupt unter den gnädigen Blick Gottes treten.[30] Er liebt es sogar, wenn ich erkenne, dass ich ohne ihn nichts Gutes hinkriege. Denn dann bitte ich ihn um Hilfe und vertraue ihm alles an und er kann durch mich wirken. Seine Kraft ist in den Schwachen mächtig.[31]

166

Ich lerne immer schneller, nach meinem Versagen wieder aufzustehen, zu Jesus ans Kreuz zu laufen, die Vergebung zu erbitten und auch gleich anzunehmen. Und dann den Schild des Glaubens zu ergreifen und an ihm die bösen Pfeile und die ganzen Lügen abprallen zu lassen. Die Wahrheit zu sprechen und zu denken: »Das war nichts! Sch … Jesus, danke, dass du mir vergibst. Deine Gnade ist jeden Morgen neu, du liebst mich noch, ich bin keine schlechte Mama, du wirst etwas Gutes in meinen Kindern entstehen lassen, auch

> Ich darf frei sein und mit erhobenem Haupt unter den gnädigen Blick Gottes treten.

mit meinen Fehlern, du machst es gut. Du hast immer noch alles im Griff. Danke, Jesus.« Und dann richte ich meine Krone und gehe weiter als Tochter des Königs.

Wahrheit denken und aussprechen

Auch in anderen Situationen ist es von enormer Bedeutung, was wir denken und aussprechen. Wenn es richtig rundgeht, sagt man manchmal Sachen wie: »Ich glaub, ich spinne«, »Ich kann nicht mehr«, »Ich raste jetzt gleich völlig aus« oder »Ich kriege noch die Krise«. Ich versuche, solche Aussagen nicht zu denken und zu sagen. Wenn doch, dann versuche ich, gleich danach zu sagen: »Nein, ich kriege nicht die Krise«, »Ich schaffe das« oder »Obwohl ich mich grad schwach fühle, bin ich doch sehr stark«. Ich suche mir Bibelstellen, die ich laut ausspreche und die mir gerade guttun: z. B. Psalm 18,3: »Du bist meine Zuflucht und meine Burg«, Nehemia 8,10: »Die Freude am Herrn ist meine Stärke« oder Psalm 118,24: »Dies ist der Tag, den der Herr gemacht hat, ich will mich freuen und Gott dankbar sein«. Wir hören Lobpreislieder an und singen die Wahrheiten ganz laut mit. Schon alleine dadurch, dass man versucht, seine Gedanken zu kontrollieren und auf die Wahrheit zu richten, ist es einfacher, ruhig und gelassen zu bleiben. Die Wahrheit wird uns frei machen[32], auch davon, dass wir uns wegen jeder Kleinigkeit so arg aufregen müssen. Außerdem bin ich davon überzeugt, dass das Prinzip von Saat und Ernte auch auf das, was wir aussprechen, zutrifft. Was wir mit unseren Worten aussäen, werden wir auch ernten.[33] Sei es Positives oder Negatives, Gutes oder Böses.[34]

Geteiltes Leid ist halbes Leid

Wenn ich einen Wutanfall hatte, bekenne ich es immer meinem Ehemann. Oft ist das unangenehm, aber sehr hilfreich. Er konfrontiert mich mit meinem Versagen, und wenn ich meinen Ärger darüber hinuntergeschluckt habe, überlegen wir gemeinsam, wie wir bestimmte Situationen anders gestalten können oder was wir anders machen können, damit es beim nächsten Mal nicht mehr zu einem Ausraster kommt. Er spricht mir Gottes Vergebung noch mal ganz praktisch zu, und ich finde Trost, wenn er mich fest umarmt. Es ist sehr erleichternd für mich, dass auch er mir erzählt, wenn er sich blöd gegenüber den Kindern benommen hat. Uns hilft es enorm, dass wir darüber reden können und dann auch gemeinsam überlegen können, was der Grund für die Situation war. Manchmal finden wir heraus, dass es einem Kind gerade nicht gut geht oder einem von uns Erwachsenen oder gerade eine schwierige Situation für die ganze Familie da ist oder sonst was. Es ist doch wunderbar eingerichtet, dass man zu zweit ist und sich gegenseitig zur Korrektur und Hilfe hat.

Aber auch allein kann man vieles dafür tun, um für das alltägliche Gefühlschaos erfolgreich gerüstet zu sein. Hierfür drei praktische Tipps:

Sich selbst wichtig nehmen

Schon in den vorherigen Kapiteln habe ich darüber geschrieben, dass es allen gut geht, vor allem, wenn es der Mutter und auch dem Vater gut geht.

Ich habe entdeckt, dass es für mich persönlich wichtig ist, regelmäßig Zeit nur für mich ganz alleine zu haben. Ohne Kids, ohne Mann, ohne Freundinnen. Einen Spaziergang im Wald, in einem schönen Laden herumschauen, joggen, ins Gebetshaus oder in Ruhe ein Buch lesen. An anderen Tagen brauche ich es, gemeinsam mit anderen Leuten etwas zu machen (die älter als sechs Jahre alt sind). Einen Sportkurs machen, zum Hauskreis gehen oder mit Freundinnen treffen. Ruhe oder gute Gemeinschaft, beides ist für mich eine Art, die mein Herz wieder ganz neu füllt mit Freude und Kraft für den Alltag. Eine Oase zum Auftanken.

Was ich als Mama ganz arg brauche und doch schon oft schmerzlich vermisst habe, ist die Verbindung mit Jesus. Als Christen haben wir ein geniales Vorrecht: Wir bekommen alles, was wir brauchen, von unserem Papa im Himmel. Dafür müssen wir uns Zeit in Ruhe nehmen und mit ihm reden, ihm zuhören, in seinem Wort lesen oder was es sonst noch so gibt. Hört sich ja wirklich super an, Zeit und Ruhe, ist allerdings in den Babyjahren ein seltenes Gut. Diese Phase im Leben ist so herausfordernd wie nie. »Feuerofen des Lebens« nannte ein Bekannter sie mal. Mein ganzes Zeitmanagement ist im Eimer. Wie ihr schon wisst, kämpfe ich mit dem morgendlichen Aufstehen. Ich würde gerne jeden Tag mit Jesus anfangen. Als meine Tochter auf der Welt war, war ich einfach nur froh, wenn ich in den Zeiten, in denen sie schlief, auch schlafen konnte. (Sowieso der beste Tipp: Schlafen, wenn das Baby schläft.) Nach einiger Zeit dann merkte ich, dass ich meine gewohnte Weise, wie ich die Beziehung mit Jesus lebte, so nicht mehr weitermachen konnte. Ausgiebiges Lesen, Studieren, Aufschreiben und Anbeten. Ich musste mich an meine neue Lebensphase anpassen.

Es ist nun wichtig für mich, sehr flexibel zu sein und Ruhezeiten zu nutzen, wenn sie sich bieten. Ich führte die Mittagspause ein, von der ich später noch berichten werde, aber oft ist einfach Spontanität gefordert. Die freie Zeit nutzen, egal, wie kurz sie sein kann, oder mal Dreck Dreck sein zu lassen (oder eine Putzfrau einstellen) und Priorität auf die wirklich wichtigen Dinge legen. Egal, wie solche Zeiten mit Jesus sich anfühlen, ob total berührend oder eher steif, es wird etwas verändern. Jesus verspricht in Matthäus 6,33, dass er uns alles Weitere gibt, wenn wir zuerst sein Königreich suchen. Ich lebe jetzt einen bunten Mix aus Dingen wie Apps mit Bibelversen, Tageslesen, ganz kurzen Kapiteln in Büchern, Bibel irgendwo offen liegen haben, auf allen Klos Lesestoff verteilt, Lobpreismusik, christliches Radio, Livestreams, Predigten. Mein Ziel, das ich mir gesteckt habe, ist, an drei Tagen in der Woche früh aufzustehen. Das bedeutet, ich kann auch mal liegen bleiben und ich passe es flexibel an meine Nacht an. Aber tatsächlich erlebe ich, dass ich an den Tagen, an denen ich früher aufstehe, anstatt gemütlich im Bett liegen zu bleiben, weniger müde bin und den ganzen Tag mehr Leben und Freude habe. Ohne Witz. Und trotzdem ist es jeden Tag ein Kampf, die Füße aus dem Bett zu bringen. Mein Tipp an euch ist: Bleibt irgendwie an Jesus und seinem Wort dran, es werden auch wieder besinnlichere Zeiten anbrechen. Bis dahin halten wir auch mal Durststrecken aus. Wir brauchen kein schlechtes Gewissen zu haben, das ist nicht von Jesus. Er ist auf unserer Seite, nicht gegen uns. Er sieht unseren Alltag und unser Herz. Und er freut sich riesig über jedes Ein-Wortgebet, das aus einem müden Mama-Herzen zu ihm aufsteigt. In Psalm 127,1 verspricht er, dass er es den Seinen im Schlaf schenkt. Er ist mit euch in eurem Alltag, jeden Tag und jede Nacht. Ihr braucht keine geistlichen Höchstleistungen zu vollbringen, um ihm nahe zu sein. Ladet ihn ein, jeden Moment dabei zu sein und sich zu zeigen. Baut gezielt Rituale in euren Tag, damit ihr euch von ihm füllen lassen könnt. Und wenn es mal nicht klappt, seid euch sicher: Er ist immer noch da und freut sich immer noch riesig an euch.

> Als Christen haben wir ein geniales Vorrecht: Wir bekommen alles, was wir brauchen, von unserem Papa im Himmel.

Egal, was es ist, das wir brauchen, um unser Bestes zu geben und das uns neue Energie und Kraft schenkt, wir müssen es wichtig achten und auch tun.

Habt ihr als Mama schon Dinge umgesetzt, die ihr im Mama-Kapitel herausgefunden habt?

Freundschaften pflegen

Für mich ist eine ganz wichtige Sache, dass ich andere Mamas habe, mit denen ich mich austauschen kann und einfach total verstanden werde. Mamas verstehen Mamas. Und Papas verstehen Papas. Es ist so befreiend zu wissen, dass der andere genau weiß, wovon man gerade spricht und wie sich das anfühlt. Da kann man die ganze Sache oft auch mit ein wenig Abstand und Humor sehen und fühlt sich nicht mehr so alleine. Vor vielen Jahren bat ich Gott um gute Freundinnen und er hat sie mir tatsächlich geschenkt. Genialerweise haben wir jetzt alle kleine Kinder. Wir teilen Freud und Leid, ermutigen einander, trösten einander, feuern uns an und dürfen uns kritisch hinterfragen (jedenfalls lernen wir das). Das ist mir eine unschätzbare Quelle der Freude in meinem grauen Alltag. Aber auch in Krabbelgruppen und Müttertreffs oder sonst welchen Babykursen sind wunderbare Frauen zu finden, die sich über erwachsene Ansprache freuen. Mamas brauchen Mamas. Es lohnt sich, seine Scheu zu überwinden und den ersten Schritt zu machen.

Siege feiern

Meine Freundin Jana sagte letztens, dass man sich als Mama oder Papa auch mal selbst auf die Schulter klopfen müsse. Wenn man es geschafft hat, in einer schwierigen Situation ruhig zu bleiben, sollte man das unbedingt feiern. Kindererziehung verlangt ein höchstes Maß an Selbstbeherrschung, Gelassenheit und Humor. Wenn man in einer Situation, in der das Kind total herumschreit oder einen Trotzanfall hat oder sonst etwas, es schafft, sich nicht davon beeinflussen zu lassen, ist das allerhöchste Kunst. Und so wie man sonst auch immer ganz genau merkt, wenn man versagt hat, sollte man kurz innehalten und bemerken: Jetzt habe ich gerade gesiegt.

Erst kürzlich saß ich abends im Kinderzimmer und sagte mir selbst, dass das heute echt ein guter Tag war und ich einen großen Sieg eingefahren hatte. Ich hatte nachmittags einen Wutanfall meiner Tochter ausgehalten, die sich aufregte, weil sie ihr Brot aufessen sollte. Ich war total ruhig geblieben, konnte sogar noch einige Witzchen reißen, was sie veranlasste, noch lauter zu heulen und zu schreien. Sie tobte und schrie und schmiss ihr Brot mehrmals auf den Boden. Ich blieb freundlich und hielt durch, bis sie dann einige Stunden später friedlich und anstandslos ihr Brot aufaß. Sieg. Darauf schaute ich dann am Abend zurück und dankte Jesus, dass ich nicht ausgerastet war und so ruhig bleiben konnte, und dass meine Tochter gemerkt hatte, dass ich eine ganz schön mächtige Frau war, ohne Geschrei und Wut und Angst. So wie die Niederlagen teile ich dann auch diese Siege mit meinem Ehemann und manchmal mit meinen Freundinnen. Denn wenn man sich gemeinsam freuen und anspornen kann, wird jeder ermutigt, sein Bestes zu geben, und das vergrößert den Sieg noch mehr.

Lasst uns als Eltern ehrlich und gnädig sein, mit uns selbst, unseren Kindern und anderen und gleichzeitig mit aller Kraft unser Bestes geben. Mögen unsere Kinder durch unser Leben schon früh lernen, zu dem zu gehen und den kennenzulernen, der sie noch mehr lieb hat, als wir es je können.

10. Ein Team werden – Familienidentität bilden

Im letzten Kapitel dieses Buches möchte ich euch noch einmal das Bild vom Haus vor Augen führen. Ihr habt jetzt die Möglichkeit, ein ganz neues, einzigartiges und wunderschönes Haus zu bauen. Was beim Fundament, eurer Ehe, dafür ganz entscheidend ist, möchte ich euch erklären. Und ich möchte euch in unser Familienhaus einladen, damit ihr sehen könnt, wie solch ein Haus aussehen und gestaltet werden kann. Entscheidet selbst, welche von den Anregungen euch gefällt und welche eher nicht zu euch als Familie passt.

Wenn zwei Menschen den Bund der Ehe schließen, heiraten eigentlich zwei Familien. Jeder ist in einer Familie aufgewachsen, die ihn auf eine ganz eigene Weise geprägt hat. Vieles von der eigenen Prägung ist einem selbst so lange nicht bewusst, bis man erlebt und kennenlernt, wie andere Familien leben. Als Paar merkt man anfangs solche Eigenarten wie: Wer stellt seine Schuhe auf welche Art hin, wer kauft welche Marke bei den Müsliriegeln, wer hat diese Falttechnik bei den Unterhosen, wer jene und so weiter. Diese eigentlich banalen Unterschiede riefen bei Andi und mir öfter heftige Gefühlsausbrüche hervor. Sie sind ein geniales Training, um die zukünftigen vielleicht schwerwiegenderen Konflikte gut zu lösen. In der Auseinandersetzung mit den Eigenarten des Partners passiert schon die erste Familiengründung. Man muss sich gemeinsam als Paar überlegen, wie man mit Themen, die aufkommen, leben und umgehen will. Wie soll es bei uns aussehen? Wofür geben wir unser Geld aus? Wann und wie wird bei uns gekocht, entspannt, aufgeräumt, gebacken, geputzt? Mit jeder neuen Entscheidung gründet man seine eigene Familie. Wenn dann Kinder dazukommen, sind schon viele Grundlagen gelegt, und doch kommen noch ganz viele andere Dinge hinzu. Wie wurde in der jeweiligen Herkunftsfamilie gesprochen, gestritten und wie hat man sich versöhnt? Wie wurden die Kinder erzogen? Wie war die Aufgabenteilung im Alltag und Haushalt?

Alles, was wir erlebt haben, prägt uns. In einer Ehe kommen zwei Kulturen von Familien zusammen. Wir haben das Privileg, das Beste aus jeder zu benutzen und unsere ganz eigene Familie zu gestalten. Es ist wichtig, dass man herausfindet, wie jeder geprägt ist. So kann man sich gegenseitig auf eine viel tiefere Weise verstehen lernen.

An welche Dinge erinnert ihr euch aus eurer Herkunftsfamilie? Erzählt einander doch mal, welche Rituale und Gewohnheiten es in eurer Familie gab.

Freischwimmen – nur wir zwei

Sobald man eine eigene Familie gegründet hat, ist es wichtig, einen Prozess zu starten, um sich von den Ursprungsfamilien »freizuschwimmen«. Das bedeutet ganz konkret, dass man sich klarmacht, dass man nun am allerengsten mit seinem Ehepartner verbunden ist und nicht mehr zuerst mit seinen Eltern und Geschwistern. In der Bibel steht schon in 1. Mose 3,24: »Ein Mann wird Vater und Mutter verlassen und sich an seine Frau binden und die beiden werden eine Einheit werden.« Das ist eine meiner Lieblingsstellen. Natürlich gilt sie nicht nur für den Mann, sondern auch für die Frau. Hier wird ganz klar gesagt, wie wichtig und gesund es ist, eine Familie zu gründen und Vater und Mutter zu verlassen. Um eine eigenständige Familie zu sein, muss man in einem bestimmten Abstand von seiner Ursprungsfamilie leben, und ich denke, dass es wichtig ist, auch eine räumliche Trennung zu vollziehen. Man darf und muss eine neue Art der Beziehung zu seiner Mutter und seinem Vater entwickeln. Familie gründen heißt, sich an die eigene Frau bzw. den eigenen Mann zu binden, einen Treuebund vor Zeugen miteinander einzugehen, also zu heiraten und damit eine Einheit zu werden, oder wie man auch sagt, durch die Sexualität ein Fleisch werden. Eine Familie gründen heißt, sein Versprechen zu halten und für immer zusammen zu sein. Man gehört nun so eng zusammen, dass man eins geworden ist.

> Um eine eigenständige Familie zu sein, müssen Vater und Mutter verlassen werden.

Nun muss nicht nur das Kind Vater und Mutter verlassen, sondern auch die Eltern müssen das Kind loslassen. So weh es ihnen tut, das Kind gehört mit der Heirat nun nicht mehr zuerst in ihre Familie, sondern in seine neue Familie. Aber auch hier tut sich eine ganz neue Art der Eltern-Kind Beziehung auf, die entwickelt werden kann. Die Ablösung muss also von beiden Seiten ausgehen. Andi und ich haben kurz vor unserer Hochzeit bewusst im Gebet ausgesprochen, dass wir uns von unseren Ursprungsfamilien lösen, und jetzt zu zweit eine neue Familie gründen.

Diese Ablösung bedeutet für mich ganz konkret:

- Der erste Ansprechpartner in Dingen aller Art ist der Ehepartner. Es wird nichts Wichtiges mit den Eltern besprochen, ohne vorher mit dem Ehepartner darüber gesprochen zu haben. Es muss klar sein, dass wir ein Team sind und wir gemeinsam Themen besprechen und entscheiden. Gerne darf Rat und Hilfe angenommen werden, aber die finale Entscheidung liegt bei uns zweien gemeinsam.
- Es werden keine negativen Eigenschaften des Ehepartners oder Paarkonflikte mit den Eltern besprochen. Bei Problemen werden sie direkt miteinander besprochen oder man sucht sich anderweitige Hilfe oder Gesprächspartner. Die eigenen Eltern sind immer parteiisch und in diesen Fällen keine gesunden Ratgeber.
- Es wird gemeinsam als Ehepaar besprochen, wie viel Zeit bei den Eltern und Schwiegereltern verbracht werden soll.
- Ausnahmen sind erlaubt. Familien haben über die Jahre eine ganz unterschiedlich enge Verbundenheit aufgebaut, deshalb wird sich auch die Ablösung ganz unterschiedlich gestalten, bei manchen ist es ein kurzer, bei anderen ein längerer Prozess.

Auch wenn von unserer Seite das »Freischwimmen« stattfindet, haben wir doch keinen großen Einfluss darauf, wie unsere Eltern die Ablösung von ihren Kindern schaffen. Andi und ich haben keine perfekten, aber doch tolle Herkunftsfamilien, die uns beide sehr gut losgelassen haben, sodass wir sehr schnell eine ganz eigene Familie sein konnten. Ich denke öfter an den Satz, den mein Papa an unserer Hochzeit gebetet hatte: »Hilf uns, dass dieser Tag nicht nur Trauer, sondern auch Freude sein wird.« Ihm war ganz bewusst, dass seine Tochter mit diesem Tag seine Familie verlässt, um eine neue zu gründen.

Ich bin mir relativ sicher, dass sein Gebet erhört wurde, und ihm sehr dankbar, dass er mich trotz der Trauer so gut losgelassen hat.

Nicht allen Eltern ist dies so bewusst oder können es so umsetzen, wie es gut wäre. Manchmal hat sich auch nur ein Ehepartner freigeschwommen und der andere nicht.

Hier sind einige Anregungen aus meinem Bekanntenkreis, um damit umzugehen: so fest es nur geht mit seinem Ehepartner zusammenhalten, klare Grenzen für sich definieren und diese mitteilen, sich zusammensetzen und Konflikte klären und besprechen, beten und die Situation in Gottes Hände legen und Hilfe und Beratung suchen.

Wir sind Familie

Wenn man diese wichtige Gründungszeit gemeistert hat und sich Kinder ankündigen, entsteht eine neue Situation und Dynamik, und andere große Fragen tauchen auf: Wann besuchen wir wen mit dem Baby? Wie oft darf, soll oder muss das Kind zur Oma und zu welcher? Soll oder muss das Kind bei der Oma, einer Tagesmutter oder in der Kindertagesstätte betreut werden? Muss oder will die Mama bzw. der Papa wieder arbeiten? Wie viel Geld brauchen wir? Wie wollen wir leben? Was ist uns wichtig? Wie sollen unsere Kinder aufwachsen? Was ist wichtig für ihre Entwicklung? Welche Hobbys kann jeder von uns für sich ausüben? Wer macht was für sich? Was machen wir gemeinsam? Wie machen wir die Aufteilung der Erziehung? Wie erziehen wir überhaupt? Wollen wir noch mehr Kinder und wenn ja, wann?

Wie man sieht, verändert sich die ganze Familiensituation, wenn Kinder dazukommen. Alle haben unterschiedliche Wünsche, Bedürfnisse und Erwartungen an das Baby, ihre neue Rolle und die Familie insgesamt. Das muss gemeinsam gemeistert werden. Ich möchte euch nun berichten, wie

Andi und ich eine Familie wurden, was uns geholfen hat und wie wir nach und nach unsere ganz eigene DNA gebildet und herausgefunden haben.

Wir haben realisiert, dass wir nun eine »richtige« Familie sind, als wir Kinder bekamen und immer mehr unser Familienleben gestalten mussten. Das ist ein Prozess, der immer weitergeht und sich stetig verändern wird. Je älter die Kinder (und die Erwachsenen!) werden, desto mehr Charakter und Persönlichkeit wird eurer Familie hinzugefügt werden. Dazu gibt es immer wieder aktuelle Themen und Umstände, in denen man neu überlegen muss, wer man als Familie ist und wie man leben will. Das bedeutet, dass Familienidentität sich verändern darf und wahrscheinlich sogar muss.

> Je älter die Kinder und die Erwachsenen werden, desto mehr Charakter und Persönlichkeit wird eurer Familie hinzugefügt werden.

Ich möchte euch erzählen, wie wir Familie leben, damit ihr eigene passende Ideen für eure Familie finden oder weiterentwickeln könnt. Manche Sachen kann man schon tun, wenn die Kinder noch ganz klein sind, andere kommen dann dazu, je älter die Kinder werden.

Tischrituale: Wir sprechen oder singen vor dem Essen verschiedenste Gebete und Lieder. Nach dem Essen singen wir manchmal ein Danklied oder lesen eine kurze Kinderandacht vor.

Morgenritual: Uns ist es wichtig, nach einer Phase der emotionalen oder räumlichen Trennung (z. B. nach Streit oder nach einer Nacht) wieder die Verbindung zu unseren Kindern aufzubauen. Ich nehme sie dann in den Arm, um zu kuscheln, und frage, wie die Nacht war. Manchmal erzählen sie mir auch von ihren Träumen und wir fragen gemeinsam Jesus nach deren Bedeutung. Oft starte ich auch das Aufwecken mit Kinderlobpreismusik im Hintergrund. Da ist schneller gute Laune angesagt und die Mädels stehen lieber auf.

Abendritual: Bevor die Mädchen ins Bett gehen, sagen wir ihnen: »Ich liebe dich und bin so stolz auf dich. Egal, ob du heute tolle oder blöde

Sachen gemacht hast.« Eventuell sprechen wir noch mal Vergebung aus oder bitten darum, damit die Sonne nicht über dem Zorn untergeht.[35] Ich frage sie nach den schönsten und blödesten Sachen des Tages und ob Jesus heute etwas zu ihnen gesagt hat (häufige Antwort: »Ja, dass er mich lieb hat«). Ich sage ihnen, dass er sich so an ihnen freut und sie so lieb hat. Manchmal beten wir mit ihnen für aktuelle Anliegen und sprechen ihre ganz persönlichen Stärken und Berufungen über ihnen aus.

Ich habe mir vorgenommen, regelmäßig für meine Kinder zu beten und diese Dinge über ihrem Leben auszusprechen:

- Dass sie Jünger des Herrn sind und großer Friede ihnen folgt.[36]
- Dass sie große und unfassbare Dinge gezeigt bekommen werden.[37]
- Dass sie noch größere Werke als Jesus tun werden.[38]
- Dass ihnen Gutes und Barmherzigkeit folgen wird ihr Leben lang und dass sie bleiben werden im Hause des Herrn immerdar.[39]
- Dass sie mächtig sein werden im Lande, dass der Herr ihnen geben wird.[40]
- Dass sie immer ihre erste Liebe zu Jesus behalten werden und die Diener von allen sein werden.
- Dass sie an Alter wachsen werden und an Gunst bei Gott und den Menschen.[41]
- Dass der Herr sie segnet und seinen Geist auf sie gießt.[42]
- Dass sie und ihre Kinder die gewaltigen Taten des Herrn verkünden werden.[43]
- Für ihre zukünftigen Ehemänner, gute Freunde und geistliche Mentoren.
- Für ihre geistliche Waffenrüstung.[44]

Manches steht ganz wörtlich so in der Bibel, anderes habe ich in meine eigenen Worte umgewandelt, damit ich es besser verstehe und mir leichter merken kann. Ich schaffe es nicht jeden Abend, manchmal bin ich zu müde oder zu faul. Manchmal fühle ich mich selbst so ausgelaugt und leer, dass ich nur am Zimmer vorbeilaufe und sage: »Jesus, segne sie«, oder einfach nur bete, dass Jesus selbst das Steuer übernimmt, und danke ihm, dass er es gut machen wird. Aber ich weiß, dass unsere Gebete eine größere Macht haben, als wir denken, und ich möchte diese großen Verheißungen, die uns Gott in seinem Wort schenkt, in ihr Leben säen. Ich entdecke immer mal neue Bibelstellen, die mich begeistern, und wenn ich für meine Kinder bete, spreche ich die aus, an die ich mich als Erstes erinnere. Ich motiviere mich manchmal selbst damit, dass ich denke, dass sie jetzt gerade alle noch »brav« in ihren Betten schlafen und ich ihnen meine Hand auflegen kann und wie schnell sich das ändern wird. Wenn sie älter sind, werden sie unterwegs sein, wenn ich ins Bett gehe, und vielleicht nicht immer Lust haben, Gebet von mir zu bekommen. Also nutze ich jetzt meine Zeit. Andi massiert oder kratzt die Mädels manchmal, wenn sie wollen, erzählt frei eine biblische Geschichte nach ihrer Wahl, gelegentlich salben wir sie (das finden sie immer sehr besonders), wir machen mit dem Finger das Kreuzzeichen auf ihre Stirn und segnen sie laut: »Ich segne dich im Namen des Vaters und des Sohnes und des Heiligen Geistes, und der Friede Gottes, der höher ist als alle Vernunft, bewahre dein Herz und deine Sinne in Jesus.«

Festtagsgestaltung: Gute Familien feiern die kleinen Dinge des Lebens, las ich mal in einer Zeitschrift. Es gibt so viele – auch kleine – Anlässe, das Leben zu feiern. Wir feiern z. B. auf unsere Weise das Wochenende. Natürlich feiern wir auch ganz besonders unsere Geburtstage, außerdem besondere Ereignisse, wie ein Besuch im Indoorspielplatz, einen Schwimmbad-Ausflug, Papa-ist-weg-und-kommt-wieder, Urlaubsanfang und alles, was die Kinder sonst noch sehnlichst erwarten. Ich erzähle den Kindern davon und wir überlegen zusammen, wie es wohl werden wird. Das bringt Vorfreude, und sie lernen, auf gute Dinge zu warten und sie vielleicht ein bisschen mehr zu würdigen. Weil Geduld zu haben doch eher schwierig ist, basteln wir einen Abstreichkalender, an dem sie jeden Tag ein Kästchen abstreichen dürfen und sehen, dass der besondere Tag näher rückt.

Wir halten es so, dass manche besonders beliebte Sachen etwas Besonderes bleiben und damit ein kleines Fest werden. Saft und Nutella gibt es bei uns nur am Wochenende, ein paar Süßigkeiten gibt es jeden Tag nach dem Mittagessen: Da bekommt jedes Kind etwas aus unserer »Süßbox«. Fernsehen tun wir unregelmäßig nachmittags oder abends mal ein oder zwei Kinderserien. Jede Familie kann und muss für sich entscheiden, wie sie damit umgeht und das handhabt. Das Gute an unserer Methode ist, dass es für Regeln immer auch Ausnahmen gibt. »Zur Feier des Tages« sage ich, wenn ich merke, dass die Kinder und ich gerade eine Abwechslung zum Normalen brauchen. Dann freuen wir uns alle und lassen es uns gut gehen.

Ich finde es auch eine super Sache, eigene Feste zu erfinden. Das Wackelzahnfest wurde bei uns als Alternative zur Zahnfee erfunden. Wenn der erste Zahn ausfällt, feiern wir ein Fest mit Süßigkeiten. Die lege ich dann schön in Schüsselchen und juble sogar noch Schüsselchen mit Obst und Gemüse unter, die ohne Protest mitgegessen werden. Ganz beliebt ist bei uns auch die Pizzaparty oder das Keksfest, bei der wir zusammen Pizza bzw. Kekse backen und später zusammen auf der Picknickdecke draußen genießen. Wir haben auch schon an verregneten Tagen in einer Höhle aus Bettlaken eine Popcornparty gefeiert. Der Fantasie sind hier keine Grenzen gesetzt und es muss auch nicht immer etwas mit Essen zu tun haben, es könnte auch ein Bastelnachmittag oder eine Musikshow oder eine Poolparty draußen im Sommer oder drinnen in der Badewanne sein oder mal ein Rutschwettkampf. Besonders schön ist der kreative Eventname für eine ganz normale Sache, der die Kinder neugierig und freudig macht, und wenn dann noch Süßigkeiten dabei sind … sie werden es lieben!

Wochenendgestaltung: Wir beginnen unser Wochenende immer Samstagmorgen mit frischen Brötchen vom Bäcker. Papa ist da, es gibt Nutella, auch mal gekochte Eier oder Rührei, wir decken den Tisch schön mit Kerzen und machen es uns einfach schön. Wenn die Kinder noch klein sind, haben sie vielleicht noch nicht viel von den Leckereien, aber sie erleben doch dieses besondere Gefühl und wissen, dass so das Wochenende anfängt. Unsere Mädels decken jetzt manchmal selbst den Tisch, schneiden bunte Papiere aus und legen sie als Deko hin und seit Kurzem laufen sie sogar zusammen zum Bäcker und kaufen alleine die Brötchen. Nach dem schönen Frühstück geht der Samstag momentan weiter mit dem »Listentag«: Wir schreiben eine Liste mit allen Dingen, die erledigt werden müssen, und jeder darf sich dann zwei Dinge aussuchen. Für die Kinder gibt es auf der Liste solche Sachen wie: »Alle Duplo-Steine in den roten Behälter räumen« oder »Schuhe in eine Kiste schmeißen« oder »Unkraut auf dem Balkon ausreißen«. Wir versuchen, Sachen zu finden, die für die Mädels machbar sind. Die Kleinste wird ermutigt mitzuhelfen und rupft tatsächlich gemeinsam mit mir das Unkraut mit Begeisterung aus! Dann arbeiten wir die Sachen ab und zum Mittagessen, Kaffee und Abendessen gibt es leckere Sachen. Bei jeder Pause streichen wir aus, was wir schon geschafft haben. Das klappt teilweise recht gut.

Der Sonntag ist unser Ruhetag. Das findet Gott gut.[45] Wir machen entweder einen Ausflug zusammen und genießen unsere Zeit gemeinsam oder wir gehen zum Gottesdienst oder machen morgens eine Art Familiengottesdienst. Andi spielt dabei Gitarre und wir singen gemeinsam Kinderlieder oder andere Lobpreislieder. Manchmal lesen wir eine Geschichte, malen, basteln, beten oder machen ein Spiel. Wir haben für uns herausgefunden, dass wir als Familie gerne unsere Ruhe haben und Zeit nur für uns brauchen, um aufzutanken und den freien Tag auch wirklich zu nutzen. Wir mögen es, in der Natur zu sein und nicht viele Leute um uns herum zu haben. Wenn wir darauf achtgeben, dass wir genügend dieser Zeiten haben, dann freuen wir uns auch über Feste und Treffen mit vielen Leuten und viel Trubel.

Geburtstagstradition: An Geburtstagen möchten wir das Geburtstagskind besonders ehren und wertschätzen. Meine Kindheitserinnerungen an meine Geburtstage sind so schön. Wie liebevoll und besonders meine Mama immer alles dekoriert und hingestellt hatte, wenn ich morgens die Treppe herunterkam. Das möchte ich auch bei meinen Mädels machen.

Ich habe eine besondere Dekoration, die jedes Mal aufgehängt wird: Luftballons, Geburtstagsbecher, Geburtstagshaarreif, Geburtstagszug mit Kerzen und so weiter. Manchmal suchen wir Bilder von dem Kind heraus und dekorieren sie oder basteln ein Plakat, auf dem die Eigenschaften und Gaben des Kindes aufgeschrieben werden. Am Fest selbst nehmen wir uns vor dem Geburtstaglied und Hochlebenlassen Zeit, das Geburtstagskind besonders zu ehren. Jeder Elternteil überlegt sich ein oder zwei Sachen, was er an dem Kind schätzt, und erzählt dieses. Optional dürfen natürlich auch die Gäste etwas Gutes über das Geburtstagskind sagen und dann beten wir noch kurz. Wir haben für jedes Kind ein schönes Geburtstagsjournal, in das die Gäste und auch wir Eltern reinschreiben können, was wir an dem Kind mögen oder mit ihm erlebt haben. So hat das Kind später mal wertvolle Erinnerungen und Worte, die große Schätze sind.

Aus-dem-Haus-geh Ritual: Wenn die Kinder zu jemand anderem oder in den Kindergarten gehen, bete ich daheim, auf dem Weg oder im Auto laut für sie und segne sie aus dem Schatz der folgenden Verheißungen:

- Danke, Jesus, dass du mit Kayla gehst, danke, dass sie nie alleine ist.[46]
- Danke, dass dein Licht aus Magali herausstrahlt, überall, wo sie hingeht.[47]
- Danke, dass Carlotta die Atmosphäre verändert, weil du durch sie Friede und Liebe und Freude etc. bringst. Sie verändert die Welt, da, wo sie hingeht.[48]
- Danke, dass Tiana der Kopf und nicht der Schwanz ist. Sie ist kein Mitläufer, sondern setzt die Standards.[49]
- Danke, dass die Mädels Worte des Lebens sprechen und das Gute an den anderen sehen.[50]
- Danke, dass du ihnen die Herzen zu anderen Kindern öffnest und sie supertolle Spielideen haben.
- Den aaronitischen Segen[51] oder einen anderen Segen sprechen mit Kreuz auf die Stirn malen.
- Und was sonst grad aktuell ist oder Jesus mir in den Mund legt.

Auch hier fällt das Gebet mal länger oder kürzer aus, je nach Terminstress und Laune von Mutter und Kind. Aber egal, ob lang oder kurz: Diese Worte prägen sich den Kindern ein, und wenn sie sie regelmäßig hören, werden sie in ihnen wachsen, und Jesus wird mit ihnen arbeiten. Sein Wort ist Geist und Leben.[52] Unsere Kinder haben mehr Power, als wir denken. Nicht umsonst sagt Jesus: »Werdet wie die Kinder.«[53] Ich möchte in meinen Mädchen ein Bewusstsein dafür schaffen, dass sie mit Jesus einen Unterschied machen können, egal, wo sie hingehen. Ich möchte nicht nur »harmlose«, beschützende Gebete für sie sprechen, sondern starke und kraftvolle Wahrheit in sie hineinsprechen. Sie sind das Licht der Welt und Jesus will mit ihnen diese Welt verändern. Sein Licht wird immer stärker als die Dunkelheit sein. Auch wenn wir das, was wir beten, vielleicht im Leben der Kinder noch gar nicht so erleben oder sehen, steht in der Bibel, dass Gott das, was noch nicht ist, ruft, so als sei es schon.[54] Ich mache das für mich so, dass ich jede Verheißung, die ich gut finde, für meine Kinder bete und mir vorstelle, damit den Anfangsstein zu legen, dass Jesus auf diese Weise im Leben meiner Kinder wirken kann. Immer wenn ich drandenke, spreche ich diese biblischen Wahrheiten aus, und ich erlebe, dass manche Leute etwas Besonderes aus unseren Kindern strahlen sehen. Wow, das ist so ermutigend für mich, weiterhin im Gebet dran zu sein und solche Samen in ihr Leben auszustreuen.

> Ich möchte in meinen Mädchen ein Bewusstsein dafür schaffen, dass sie mit Jesus einen Unterschied machen können, egal wo sie hingehen.

Familienmotto ausdenken: Vor einiger Zeit haben wir uns überlegt, was uns als Familie charakterisiert, und haben festgestellt: Wir sind laut, wir haben viel Leben, wir lieben Jesus. Das habe ich folgendermaßen aufgeschrieben und in einem schönen Rahmen aufgehängt: »Familie LAUSER: Leben im Überfluss, Singen und Freude zur Ehre Gottes in Freiheit.« Unsere Mädels sagen immer, dass wir das Lauser-Team sind. Ein ganz besonderes Gänsehautgefühl entsteht, wenn man so etwas wie einen »Familienschlachtruf« gemeinsam brüllt. Unsere Freunde machen das, wir sind da noch etwas gehemmt. Indem wir uns solche Eigenschaften überlegen und aussprechen, bilden wir eine Einheit. Wir gehören zusammen! So sind wir! Die Kinder verstehen: Hier gehöre ich dazu! Ich bin Teil von etwas Größerem. Kinder bilden so ihre Identität und es gibt ihnen unendlich viel Sicherheit und Geborgenheit. So können sie in diese Welt voller Möglichkeiten und unendlicher Vielfalt hinausziehen, weil sie wissen, wer sie sind und wo sie dazugehören. Sie wissen, dass es einen sicheren Ort gibt, auf den sie jederzeit wieder zurückgreifen können. Das gilt übrigens auch dafür, was wir als Familienteam nicht tun und nicht gut finden. Bei uns heißt das z. B.: »Wir beißen und zwicken nicht.«

Je älter sie werden, desto mehr stehen sie vor der Herausforderung, selbst entscheiden zu müssen, ob sie auch für sich diese Werte leben wollen. Da haben sie mit solchen definierten Mottos etwas, an dem sie sich so richtig reiben können, und wir Eltern können ihnen so richtig zeigen, dass wir sie lieb haben, egal, wofür sie sich entscheiden.

Familienspiele erfinden: Das Lieblingsspiel unserer Kinder heißt: »Adler fress mich, ess mich.« Das haben wir mal erfunden. Papa oder Mama sind die Adler und versuchen, die Mäusekinder zu fangen und zu verspeisen. Alle Spiele mit wildem, engem und doch liebevollem Körperkontakt sind sehr beliebt bei unseren Mädels.

Familienhobby: Andi und ich lieben es, unsere Mädels nach dem Baden ausgiebig zu föhnen. Das haben wir schon gemacht, als sie noch Babys waren. Sie mummeln sich in ihre Bademäntel ein und genießen die Wärme, die Geborgenheit und das wohlige Geräusch des Föhns. Andi und ich lieben es, ihnen so nahe zu sein und diese entspannte Zeit zu genießen. Wenn sie hören, dass ich mich alleine im Bad föhne, kommen sie gleich angerannt und parken sich auf meinem Schoß ein.

Familienteam: Als meine Älteste ganz klein war, hatte ich den Eindruck, dass wir als Freudenteam zu anderen Leuten gehen sollten. So besuchten wir immer mal wieder Menschen, die Jesus mir aufs Herz legte. Manchmal war es ziemlich stressig, weil sie weinte, andere Male war es echt o.k. Mit Babys und Kleinkindern kann man vielen älteren oder einsamen Menschen eine große Freude machen, weil sie es schaffen, mit ihrer Reinheit und kindlichen Unschuld die Herzen zu erreichen.

Wir möchten auch als ganze Familie Gott dienen, und das sieht für uns Lausers so aus: Brötchen an Obdachlose verteilen, Leute beschenken oder besuchen, die Jesus uns aufs Herz legt, Hilfseinsätze mitmachen, für kranke Leute beten, die Jesus uns im Alltag besonders auffallen lässt. Schuhkartons an Weihnachten packen, jemand anderem heimlich etwas Gutes tun, Bilder malen und Blumen vorbeibringen. Es geht darum, unsere Kinder ganz normal in unseren Lebensstil mit Jesus hineinzunehmen, damit sie von klein auf erleben, was es für ein Abenteuer ist, mit Gott unterwegs zu sein. Lebt euer Leben mit Jesus, und so weit es möglich ist, lasst eure Kinder hautnah mit dabei sein. Jeder Mensch und jede Familie ist dazu berufen, ihren eigenen Weg und Stil mit Jesus zu finden und ein Original zu sein, keine Kopie. Wir brauchen euch als Familie genauso, wie ihr seid.

Glaube im Alltag: An unserem Alltag merken unsere Kinder, was wirklich echt ist. Wenn wir z. B. die Sirene eines Krankenwagens hören, beten wir kurz laut dafür, dass Jesus eingreift und Hilfe und Heilung schenkt. Wenn ein Kind sich wehgetan hat und zu mir kommt, um getröstet zu werden, lege ich meine Hand auf seinen Kopf und bete kurz, dass der Schmerz weggeht, und danke, dass nichts Schlimmeres passiert ist. Wenn ich selbst im Alltag an etwas denke und kurz dafür bete bzw. danke, spreche ich es laut aus. Wenn ich etwas über Gott gelernt habe oder mit Jesus erlebt habe oder von anderen Leuten ein Zeugnis gehört habe, erzähle ich meinen Kindern davon. Egal, ob sie es in ganzem Ausmaß verstehen oder nicht, sie merken doch, dass der Glaube ein fester Bestandteil meines Alltags ist. Ich möchte mich gern von ihnen beim Bibellesen »erwischen« lassen. Wir lassen auch oft Lobpreismusik in allen Facetten laufen und singen und tanzen dazu wild herum. Ich wünsche mir, dass uns bewusst ist, dass unsere Kinder immer zuhören, wenn wir uns mit anderen Leuten unterhalten. Dabei ist es mir wichtig, in aller Freiheit von Jesus zu sprechen und keinen Unterschied zu machen, in welcher Umgebung ich mich befinde. (Da bin ich noch im Training.) Meine Kinder sollen lernen, dass wir echt und authentisch sein dürfen und sollten, egal, wo und mit wem. Wenn im Alltag etwas passiert und mir eine biblische Geschichte oder ein spontaner Gedanke dazu kommt, erzähle ich ihnen davon. Zum Beispiel: »Wie bei Abraham, dem gab Gott auch ein Versprechen.« Oder: »Von einem Schaf erzählte Jesus auch mal was …!« Da brauche ich immer wieder Hilfe und Inspiration vom Heiligen Geist, der uns solche Ideen gibt. Manchmal fällt mir auch ein Bibelvers zu einer Situation ein. Wenn die Mädels streiten, sage ich ihnen oft: »Überwinde das Böse mit Gutem«[55], oder: Jesus sagt: »Der Größte soll der Diener von allen sein.«[56] Ich erkläre ihnen, was damit gemeint ist und warum es gut für uns ist. Ich fordere sie heraus, Gottes Wort auszuprobieren und praktisch zu erleben. Trotzdem versuche ich auch, keinen Druck damit auszuüben, und es ist o.k. für mich, wenn sie das nicht wollen und es doof finden. Aber ich werde es weiter so handhaben, denn es legt grundlegende Wahrheiten in ihr Herz, die dort Wurzeln schlagen werden. Sie hören es auf jeden Fall und erinnern den anderen beim nächsten Mal, wenn sie ihren Willen haben wollen: »Du musst aber der Diener sein!« Oder eine sagt: »Ich diene dir heute«, und gibt den begehrten Teller jemand anderem.

Familien brauchen Werte

Bewusst oder unbewusst gibt es immer Familienregeln. Wir als Eltern bestimmen diese, und für unsere Kinder werden sie das Grundverständnis davon sein, wie das Leben funktioniert. Ein paar Beispiele, welche Werte wir Lausers für unsere Familie leben wollen:

Wir lieben zuerst Jesus, dann uns als Ehepaar gegenseitig und danach kommen die Kinder.

Dankbarkeit. Wir wollen dankbar für das sein, was wir haben, und gut damit umgehen, was uns anvertraut wurde. Dann kann Jesus uns nämlich noch mehr anvertrauen.[57] Zum Beispiel Wasser, Spielsachen oder Nahrungsmittel.

Unsere Worte haben Macht. Was und wie wir sprechen, bringt Leben oder Tod.[58] Wir möchten mit unseren Worten Gutes, Freude und Friede hervorbringen. Ich erkläre es den Mädels so, dass es bei jedem im Herzen einen Garten gibt, in den wir mit unseren Worten schöne Blumen oder Unkraut hineinsäen.

Wir wollen Jesus Freude machen. Das bestimmt, wie wir mit bestimmten Themen umgehen. Wir wollen zum Beispiel nichts mit Zauberstäben oder Hexen zu tun haben, weil wir der Meinung sind, dass uns das nicht guttut und Jesus keine Ehre bringt. Wir laden unsere Töchtern dazu ein auszuprobieren, ob Jesus uns wirklich versorgt und sich freut, wenn wir ihm etwas »opfern«. Es gibt da noch viele andere Themen, aber wichtig finde ich, immer im Gespräch mit den Kindern zu bleiben und sich zu trauen, seine eigenen Motive und Ängste ihnen gegenüber zu äußern und ihnen trotzdem Freiheit zu lassen.

»Calling out the gold in others« (»das Gold in anderen hervorrufen«). Gutes, das wir bei oder in anderen sehen, wollen wir ansprechen und aussprechen.

Lobpreis hat Kraft. Die Atmosphäre in der Familie wird größtenteils von den Eltern festgelegt. Wir erleben, dass Musik großen Einfluss auf die ganze Familie hat. Vor allem jetzt, wenn die Kinder noch klein sind, bestimmen wir alleine, welche Musik sie hören. Deshalb gibt es bei uns eine Masse an CDs, die meisten mit christlichen Liedern und Geschichten. Damit schaffen wir eine Atmosphäre, die Jesus lobt und ihm gefällt. Ich achte darauf, dass fast immer irgendeine CD bei uns läuft, die Jesus erhebt und Freude macht. Lieder werden oft zu Ohrwürmern, die man immer und

188

überall singt und die einem im Kopf herumgehen. Wie genial, wenn wir auf diesem Weg unsere Gedanken mit Gottes Wort füllen lassen dürfen!

Leute in unser Leben hereinlassen. Wir versuchen, andere an unserem Leben teilhaben zu lassen und sie erleben zu lassen, wie Familie »live« aussieht. Das ist für uns Gastfreundschaft in unserem ganz eigenen Stil.

Jeder macht Fehler. Weder Eltern noch Kinder sind perfekt. Wir leben aus der Gnade. Wir entschuldigen uns beieinander, egal, ob die Kinder schon sprechen können oder nicht, und sprechen Vergebung aus. Danach versuchen wir, Nähe durch eine Umarmung wiederherzustellen oder dadurch, irgendetwas zusammen zu machen.

Ehrlichkeit und Echtheit. Wir wollen authentisch leben. Wir sind zu hundert Prozent ehrlich zueinander und versuchen, auf eine gute Weise auch andere von unseren Schwierigkeiten und Kämpfen profitieren zu lassen. Wir gehen offen mit unseren aktuellen Problemthemen um und fragen gerne auch andere um Rat und Tipps. Wenn wir in irgendeinem Bereich in eine Sackgasse geraten und nicht mehr weiterwissen, ist für uns professionelle Hilfe ein Geschenk.

Grenzen setzen

Wer als Familie bewusst sein Ding leben möchte, braucht auch Grenzen. Bei manchen reicht ein Gartenzäunchen, bei anderen muss es eine große Hecke sein. Je nachdem wie gut ihr und die anderen um euch herum »Nein« sagen und aushalten können. Wenn ihr gerade frisch ein Baby bekommen habt, wisst ihr vielleicht, was ich meine. Kaum ist das Baby geboren, wollen alle es sehen, besuchen oder halten. Manche Eltern genießen das, andere finden es ganz furchtbar. Hier müssen die ersten liebevollen Grenzen gezogen werden, indem man als Eltern gemeinsam übt, zu den anderen lieben Leuten zu sagen, wie man diese ganze Sache handhaben will und wird. Es kann gut sein, dass frischgebackene Großeltern ziemlich enttäuscht auf die Ansage reagieren, dass sie ihr Enkelchen erst mal nicht auf den Arm nehmen dürfen. Aber sie werden es überleben und freuen sich dann später umso mehr darüber. Und das war ja nur ein kleines erstes Thema. Als Eltern muss man ständig Entscheidungen für sich und sein Kind treffen. Familie und Freunde bekommen diese mit und geben ihrerseits ihre fachkundige Meinung, Zustimmung oder Kritik dazu. Entweder mit Worten oder ohne. Hier gilt es seine Grenzen zu schützen und gemeinsam durchzuhalten.

> Wer zu einer Familie Ja sagt, muss zu anderem in seinem Leben Nein sagen.

Wichtig ist, dass man immer wieder im Blick behält und herausfindet: Was braucht meine Familie gerade? Und dann Mut hat, Grenzen zu setzen und wenn nötig »Nein« oder »Ja« zu bestimmten Dingen zu sagen und in Kauf zu nehmen, dass andere Leute vielleicht enttäuscht reagieren.

Ihr als Mamas und Papas werdet euren ganz eigenen Stil finden, eure Familie so zu leben, wie es euch gefällt. Ihr werdet ein starkes und tolles Team sein! Ich freue mich ganz arg auf jede einzelne Familie, die sich auf dieses Abenteuer einlässt, gemeinsam herauszufinden, wer sie ist, und diese Welt auf ihre ganz eigene Weise verändert.

Nun sind wir am Ende dieses Buches angelangt. Ich bedanke mich bei euch, dass ihr bis zum Schluss durchgehalten habt! Ich hoffe und bete, dass ihr Dinge gelesen habt, die euer Leben und eure Familie bereichern. Ich wünsche euch von ganzem Herzen, dass ihr ein Familienhaus baut, in dem ihr euch ganz arg wohlfühlt. Ich wünsche mir, dass eure Familie ein Zuhause wird, für euch und auch für andere. Ich ermutige euch, eurer Fantasie freien Lauf zu lassen, um dieses Haus zu gestalten. Diese Welt braucht dringend jede Menge solide und einzigartige Familien. Ihr bildet die kleinsten Zellen des Lebens und ihr legt mit euren Kindern den Grundstein für unsere Zukunft.

Wie ihr selbst wisst, gibt es so viele verschiedene Arten, Familie zu leben und zu gestalten, weil es so unterschiedliche Lebensumstände gibt und weil wir so verschiedene Mamas und Papas sind. Für unsere Kinder ist das genial, sie lieben uns, ihre Eltern, genau so, wie wir sind. Und für sie ist es tatsächlich der Himmel auf Erden, wenn sie ihrerseits spüren: Ich bin geliebt, ich bin wichtig, genau so, wie ich bin. Gott legt seine Liebe mitten in eure Familie hinein. Er ist die zentrale Liebesquelle, durch die unsere Liebe erst richtig zur Entfaltung kommt.

In eurer Familie kann der Himmel auf Erden sichtbar werden. Gottes Liebe und sein Licht wird durch euch strahlen und diese Welt erhellen. Keine andere Familie hat solch eine Farbe wie ihr, ihr seid einzigartig. Kein anderes Haus wird jemals so aussehen wie euer ganz eigenes. Ihr als Mamas, ihr als Papas: Ihr seid mit euren Kindern genau zur richtigen Zeit am richtigen Platz.

Ihr seid so wichtig, wir brauchen euch. Es ist total schön, dass es euch gibt.

Anmerkungen

1   Zitat von Henry Ward Beech

2   Definition von Dr. Ulrich Giesekus in einem Vortrag

3   z. B. Härry, Thomas: *Von der Kunst sich selber zu führen.* Holzgerlingen, SCM-Verlag, 2017. Oder www.16personalities.com, zuletzt aufgerufen am 24.10.2018.

4   Arp, David & Claudia: *10 Great Dates für eine prickelnde Partnerschaft.* Brunnen, Gießen, 2016.

5   Leman, Kevin: *Spitzennächte: Das Geheimnis von erfülltem Sex.* Holzgerlingen, SCM Hänssler, 2012. Leman, Kevin: *Licht an, Socken aus! Ein erfülltes Sexleben als Basis einer guten Ehe.* Holzgerlingen, SCM Hänssler, 2017. Schmidt, Veronika: *Liebeslust: Unverschämt und echt genießen.* Holzgerlingen, SCM Verlag, 2015. Schmidt, Veronika: *Alltagslust: Ganz entspannt zum guten Sex.* Holzgerlingen, SCM Verlag, 2017.

6   Byrne, Barry & Lori: *Liebe in der Ehe. Eine tiefere geistliche, emotionale und körperliche Einheit erleben.* Bruchsal, GloryWorld Medien, 2013.

7   Chapman, Gary: *Die 5 Sprachen der Liebe: Wie Kommunikation in der Ehe gelingt.* Marburg, Francke, 2010.

8   Eine Form von Gebet, bei der man Gott um seine Worte in die persönliche Situation hinein bittet. Für sich selbst oder andere Menschen.

9   z. B. Jesaja 41,10-13; Josua 1,9; Johannes 14,1

10 vgl. Psalm 139

11 Buchtipp: Polimino, Jennifer und Warren, Carolyn: *Beten für mein Baby: Geistliche und praktische Impulse für werdende Mütter.* Haiterbach-Beihingen, Cap-Books, 2015. Polimino, Jennifer und Warren, Carolyn: *Beten für mein kleines Kind: Ein Begleitbuch für die ersten fünf Jahre – Mit vielen geistlichen und praktischen Impulsen für Mütter.* Haiterbach-Beihingen, Cap-Books, 2015.

12 vgl. Jeremia 1,5

13 vgl. Apostelgeschichte 17,26

14 Zitat von Johann Wolfgang von Goethe

15 vgl. Galater 6,7

16 nach Psalm 118, 24-25

17 Dieses Erziehungskonzept stammt aus dem Buch von Silk, Danny: *Erziehung mit Liebe und Vision: Herzensverbindungen eingehen statt Machtkämpfe austragen.* GloryWorld Medien, Bruchsal, 2014.

[18] Nähere Informationen hierzu: Mack, Cornelia: *Geschwister: Wie sie das Leben prägen.* SCM Hänssler, Holzgerlingen, 2018.

[19] siehe Matthäus 22,39

[20] https://www.welt.de/wissenschaft/article158685011/Leider-haben-wir-eine-Epidemie-von-Alphakindern.html. Zuletzt aufgerufen am 24.10.2018.

[21] Weitere Informationen zu Bindung: http://www.sicherebindung.at/index.html. Zuletzt aufgerufen am 24.10.2018.

[22] Hartl, Johannes: Vortragsreihe: *Eltern nach dem Herzen Gottes.* https://shop.gebetshaus.org/vortraege/donnerstag-abend/5534/vom-besten-vater-lernen. Zuletzt aufgerufen am 24.10.2018.

[23] Mehr Infos zu diesem Thema: Hoffmann, Matthias: *Gottes Vaterherz entdecken: Ein Praxisbuch mit persönlichen Hilfestellungen Gott als Vater zu entdecken.* Haiterbach-Beihingen, Cap-Books, 2013. Heuser, Markus: *Heil werden am Vaterherz Gottes: oder Es ist nie zu spät für eine glückliche Kindheit.* Solingen-Wald, Bernard, Gottfried, 2017.

[24] Zitat von Dr. Karl Gebauer. https://www.lernwelt.at/begegnungen/begegnungen-teil-2/dr-karl-gebauer/die-bedeutung-des-vaters.html. Zuletzt aufgerufen am 25.10.2018.

[25] vgl. 2. Korinther 5,19

[26] Silk, Danny: *Erziehung mit Liebe und Vision: Herzensverbindungen eingehen statt Machtkämpfe austragen.* GloryWorld Medien, Bruchsal, 2014.

[27] Hartl, Johannes: Vortragsreihe: *Eltern nach dem Herzen Gottes.* https://shop.gebetshaus.org/vortraege/donnerstag-abend/5534/vom-besten-vater-lernen. Zuletzt aufgerufen am 24.10.2018.

[28] vgl. Römer 7,15

[29] Meyer, Joyce: *Zuversicht, Mama! Mit Gottes Hilfe erziehen.* Joyce Meyer Ministries, Hamburg, 2014.

[30] Bogdan, Faith: *Who are all these children and why are they calling me mom?* Charisma House.

[31] vgl. 2. Korinther 12,9

[32] vgl. Johannes 8,32

[33] vgl. Galater 6,7

[34] Weiterführende Literatur hierzu: Meyer, Joyce: *Das Schlachtfeld der Gedanken.* Joyce Meyer Ministries, Hamburg.

[35] vgl. Epheser 4,26

[36] frei nach Jesaja 54,13

[37] vgl. Jeremia 33,3

[38] vgl. Johannes 14,12

[39] vgl. Psalm 23,6

40 nach Psalm 112,1-2
41 nach Lukas 2,52 und 1. Samuel 2,26
42 vgl. Jesaja 44,3
43 vgl. Psalm 145,4
44 Epheser 6, 11-17
45 vgl. 2. Mose 20,8-11
46 vgl. Matthäus 28,20
47 vgl. Matthäus 5, 14
48 frei nach Galater 2,20 und Matthäus 5,13
49 vgl. 5. Mose 28,13
50 vgl. Sprüche 18,21
51 vgl. 4. Mose 6,24-26
52 vgl. Johannes 6,63
53 vgl. Matthäus 18,3
54 vgl. Römer 4,17
55 vgl. Römer 12,21
56 vgl. Matthäus 23,11
57 vgl. Matthäus 21,25
58 vgl. Sprüche 18,21

Veronika Smoor

Frühling, Sommer, Herbst, Familie
Ein Begleiter für jeden Monat des Jahres mit Ideen
zum Selbermachen und Selberglauben

Gebunden, 20,7 x 26,6 cm, 112 Seiten
Nr. 629.817, ISBN 978-3-7893-9817-9

Viele kreative und praktische Ideen helfen Eltern dabei, ihren Kindern Freude
an der Natur zu vermitteln, Glauben zu (er-)leben und die Jahreszeiten gemeinsam zu gestalten. So bekommen Dankbarkeit, Entschleunigung, Kreativität und Familienzusammenhalt mit jedem Monat ein bisschen mehr Raum
zum Gedeihen.

Stefanie Diekmann

Spielend leicht erziehen
Nähe und Klarheit – mehr braucht man nicht

Gebunden, 14 x 21,5 cm, 224 Seiten
Nr. 395.764, ISBN 978-3-7751-5764-3
Auch als E-Book

Sie wollen als Eltern alles richtig machen und doch erleben Sie das Familienleben oft als stressig? Mit fröhlichen und nachdenklichen Alltagsepisoden zeigt
dieses Buch, was Sie als Familie wirklich brauchen und dass oft der eigene
Anspruch, das Leben so kompliziert macht.

Bitte fragen Sie in Ihrer Buchhandlung nach diesen Titeln!
Oder schreiben Sie an: SCM Hänssler in der SCM Verlagsgruppe GmbH,
D-71087 Holzgerlingen; E-Mail: info@scm-haenssler.de;
Internet: www.scm-haenssler.de